U0855693

爱立方
Love cubic
育儿智慧分享者

自然长大的孩子都是天使

父母要学会慢养和等待

不要去期望，

孩子才会像你期望的那样去成长。

〔韩〕申圭镇／著　邢青青／译

中国妇女出版社

图书在版编目（CIP）数据

自然长大的孩子都是天使：父母要学会慢养和等待 / (韩) 申圭镇著；邢青青译. -- 北京：中国妇女出版社, 2015.5

ISBN 978-7-5127-1066-5

Ⅰ. ①自… Ⅱ. ①申… ②邢… Ⅲ. ①家庭教育 Ⅳ. ①G78

中国版本图书馆CIP数据核字（2015）第053449号

著作权合同登记号 图字：01-2014-8089

自然长大的孩子都是天使——父母要学会慢养和等待

作　　者：〔韩〕申圭镇
译　　者：邢青青
责任编辑：王　琳
封面设计：远道设计
版式设计：李　青
责任印制：王卫东
出版发行：中国妇女出版社
地　　址：北京东城区史家胡同甲24号　　邮政编码：100010
电　　话：（010）65133160（发行部）　　65133161（邮购）
网　　址：www.womenbooks.com.cn
经　　销：各地新华书店
印　　刷：三河市金元印装有限公司
开　　本：165 × 235　　1/16
印　　张：13
字　　数：125千字
版　　次：2015年 5 月第 1 版
印　　次：2015年 5 月第 1 次
书　　号：ISBN 978-7-5127-1066-5
定　　价：30.00元

自序

好父母不去期望，好孩子不被期望

我们学校的咨询室是东西朝向，每天下午3点以后，阳光会透过窗户洒满整个房间。照射在玻璃窗上的阳光经过折射充溢整个房间，如同飘在空中的金粉。

嘟，嘟……

开完课后班会的学生推开咨询室的门，一股清新的空气迎面而来，这是室内的热气和户外的冷气造就的自然之风。花盆里的兰花随风摇曳。

“每次来咨询室心情就会变好。”

“你快乐，我感到很高兴。”

这个孩子露出了灿烂的笑容。

孩子们每次来咨询室，都会向我倾诉有关升学、前途、适应能力、学校生活、同学关系、异性相处等青春期的各种烦恼。对于这些问题，孩子们大多知道应该如何去处理，我需要做的只是正面支持和稍加引导。

有时候，我要长时间地、反复地倾听某个孩子诉说他的烦恼。这种情况一般发生在被贴上“有问题”标签的孩子身上。标签大部分是大人们贴上的。这类孩子来到咨询室后，总是会看我的眼色行事，不轻易开口说话，他们曾因各种原因而受过处罚，十分敏感。

“我嘛，本来就这样！所以您就别费力气了，干脆放弃吧！”

不屑的态度背后，隐藏着“我原来不是这样的，请帮帮我”的呼声。

我用特殊的态度对待这些孩子：不训斥，亲切地教育；不命令，不布置任务；不去强调责任和义务。我只做一件事，那就是将大人贴在他们身上的标签一一揭掉。因为这些标签如同吸取生命力的符咒一样，让学生失去神采。

“无故缺席？看来是春风把你带走了吧？那也有可能哦！”

“离家出走？真羡慕你的勇气。”

“因为反抗被骂了？你这么做肯定有你的原因吧？我们一起慢慢想想以后该怎么做吧！”

认真倾听孩子的诉说，你会发现孩子的任何举动都是有原因的。当有人能和他产生共鸣时，他就会放下戒备，敞开自己的内心。再玩世不恭的孩子，此时的态度也会有很大转变。如果咨询进行得顺利，孩子在很短的时间内就会有进步。

“孩子的态度不知不觉变好了，您是怎么做到的呢？请告诉我您的秘诀吧！”

“我也不太清楚，因为这是孩子自己在改变。”

没有哪个父母不期望孩子成才、幸福地生活。那么，父母应该放任孩子成长，还是严厉地管教孩子呢？很多父母都为此烦恼不已。

我认为，那种不对孩子抱有任何期望，尊重孩子，总是正面支持和鼓励孩子的父母才是最好的父母。作为两个孩子的父亲，我也正在努力以这样的信念去教导她们。

阅读完本书，您将会了解：为什么父母要学会慢养和等待。如果本书能够促进读者朋友们亲子关系的融洽和谐，那么对我来说，没有什么比这更让人高兴的了。

申圭镇

目录

一

孩子变了，父母该怎么办

从没见过在正直善良的父母的教育下，孩子还走上错误的行为轨道的。他只是走了弯路而已，而且是一时的。对父母来说，我们需要的就是等待的勇气。

沉迷游戏，饭都顾不上吃的儿子；手机不离手的女儿；对于成绩表什么时候出来的问题，总是敷衍着说“不知道，老师说已经寄过来了”的儿子；袜子、内衣到处乱丢的女儿……父母们似乎怎么找都找不到孩子身上值得信任的地方。就算孩子成绩很好，可能父母也不会完全信任孩子吧。

每当父母忍不住唠叨时，孩子必定会顶嘴。

听了班主任“按照你现在的成绩，三流大学都考不上”的评语，孩子受了很大的打击。可孩子觉得，有了烦恼就算告诉爸爸也无济于事，因为爸爸只会训斥自己或者大谈他小时候的“丰功伟绩”。即使孩子不上补习班，成绩也很不错。为什么父母一提“补习班”，孩子就会一百个不情愿？为什么大人们总像复读机一样重复同样的话呢？大人们是不是都是克隆人呢？

成绩不好怎么了？只要孩子能够好好生活就够了，不是吗？孩子无忧无虑地长大了，父母还奢望什么呢？“扔掉自己的野心吧”“放空心灵吧”，虽然父母们常常这样安慰自己，但生活中的不如意却时刻让人感到疲累。参加妈妈们的聚会时也是这样，妈妈们看上去个个谈笑风生，但她们的内心却十分空虚——“养孩子，只有我感到累吗？”

曾经拽着妈妈的裙角蹒跚学步的孩子现在长大了，都开始反抗父母了。

“您知道有一次儿子说我什么吗——‘该死的’。”一脸难过的她无力地说道，“我好像白养他了。”

我摇摇头：“没有。”

她笑了笑，说：“您不用安慰我。这孩子现在不听我的话……对他不抱期望，我反而轻松多了。”

正在读初三的儿子勋让妈妈非常头疼。就在去年儿子还是她的骄傲：勋被选为学生会主席，这是多么了不起的事情啊！

然而，不知不觉间儿子开始偏离正常轨道了：经常和朋友们出去玩，很晚才回家；成绩也下降了；甚至开始撒谎，还偷偷抽烟、喝酒。

“可能是我们平时太娇惯他了吧，现在很后悔。”

“您的心情我很理解。您可以把现在的这个矛盾当作一次考试。”

“考试？”

“是。不要管孩子以前的成长经历，现在我们面临的是当下需要解决的问题。”

勋的爸爸是一家大企业的骨干，为人忠厚老实，对孩子也十分宽容。去年，因为儿子跟妈妈吵架，爸爸曾对孩子动过一次手。事后心有愧疚的爸爸为了安抚儿子，特意带他出去旅游。之后的一段时间，妈妈以为孩子认识到错误了。但没过多久，因为勋参与打架，她和丈夫被叫到了学校，还写了“以后好好教育孩子”的保证书。

“我的丈夫是一个很懂得自制、十分老实的人，也不会经常唠叨孩子，对孩子很好，但勋好像很讨厌爸爸。”

“勋会慢慢理解爸爸、喜欢爸爸的。勋以后会像他爸爸一样正直可靠，只是现在还没到时候。”

“但是就只能这样不管他吗？我要忍到什么时候呢？”

我直视着她的眼睛说道：“勋一定能回到他原来的位置的，一定会的。”

我想让她对我的话信服。也许她会疑惑我怎么能把话说得这么肯定。

“迄今为止我教过数千名学生，从没见过在正直善良的父母的教育下，孩子还走上错误的行为轨道的。他只是走了弯路而已，而且是一时的。对父母来说，我们需要的就是等待的勇气。”

“真的只要等待，他就会恢复正常吗？”

“当然了。不过，父母也应该努力改变环境。”

“改变环境？”

“是。既然孩子不按照父母的意愿做事，那么就请父母先做些改变。”

“实际上这段时间我也做了很多努力，既去过咨询中心，也上过教育孩子的研修课。但我觉得两个人都做出改变很难，勋的爸爸不是一个会轻易改变自己想法的人，他是一个很有主见的人……”

一个星期之后，勋的爸爸来了。

“您是怎样评价勋的呢？”

“他不是一个坏孩子，有很多优点，比较聪明。在初一的时候，他还经常受到周围人的称赞。”

“那时候您一定很高兴了？”

“是。但是……他好像交了些不好的朋友。”

“您说过他朋友不好的话吗？”

“啊，我的话不是这么说的。我说的是他和朋友的关系也太好了点儿。”

“原来是这样。成绩下降，不回家在外边乱逛，经常联系不上……面对这种情况，我想没有父母会不生气吧。”

“我也尽力去理解他。我自己也是一个很喜欢交朋友的人，但我是做完该做的事情后才会去玩。”

“他没做完该做的事情……那么，勋逃过课吗？”

“逃课！那是不可能的。就算是我，在以前生活困难的时候，12年的读书生涯中也没有逃过一次课。”

“这样啊。勋很像爸爸呢，很关心、理解别人，喜欢学校生活，和朋友的关系也很好。”

勋的爸爸对我的话感到很意外，愣在了那里。

我再次强调了勋好的一面：“不用功，成绩也能保持在中等水平。更重要的是他很受同学欢迎，有什么比融洽的人际关系更重要吗？”

勋的爸爸叹了一口气。

“别的都好说，我中学的时候也抽过烟，参加学校组织的旅游和郊游时，我也背着老师偷偷喝过酒，但我在功课上从没偷过懒。如果当时家里人能多关心我的学习的话，我也能考上延世大学或者高丽大学。”

“看来您也期望勋能考上一流大学了？”

“现在我正尝试把这种想法丢掉。”

“勋的爸爸，请不要这样。”

“什么？”

“请不要丢掉希望。”

勋的爸爸睁大了眼睛看着我，对我说的话似乎很是惊讶。

“事实上，在来之前，我收听了老师您的电台节目。”

几天前，我接到 MBC（韩国文化广播公司）的邀请，参加一个有关教育和咨询的节目。勋的爸爸似乎在网上搜到并收听了这个节目。

“老师您在节目中说了，只有 3% 的父母会对子女的成绩感到满足。”

“是，我想起来了。”

“听到那段话后，我一直在反思是不是我对勋期望过高了。‘父母对子女过高的期望实际上是自我满足的一种需要’，您的这句话也给了我启发，所以我现在是真的想要抛掉我对勋的期望……”

“请不要放弃对勋的期望。父母试图对孩子不抱希望时，会让孩子觉得自己不够好所以父母放弃了他，孩子有可能因此而自暴自弃。”

“有这样的可能性吗？”

“您所认为的可能性，事实上我也不知道有没有。我怎么能断言孩子的未来呢？建议您放弃之前的标准，相信孩子现有的能力。”

“……”

“就像我们喜爱孩子刚出生时天真无邪的样子一样，现在也以这样的态度对待孩子吧！孩子身体的成长，有时很快，有时很慢。即使孩子长得比较慢，我们也确信孩子会长得跟自己一样高，会对此充满期待。这样平静的期待不是很好吗？难道我们要像量大树一样，每天用尺子丈量孩子的身高吗？您现在难道因为孩子不是树而不能精确丈量，就要放弃对孩子的希望吗？”

“……”

是因为阳光照射的原因吗？我似乎看到勋的爸爸眼圈红了。

摆脱“融合”的家庭状态

家庭成员的情绪和观念像糯米糕一样黏在一起的状态，在咨询学中被称为“融合”。但是，如果全家人都有着完全一样的感情和思考方式，想想都觉得有点儿可怕吧！

我曾经见过一个男子，因为有人把车停在了胡同里，他就要拿着锥子去刺破车子的轮胎。我向他投去不满的目光，他却大声叫嚷着让别人不要管他的闲事。听到声响，他的妻子跑了过来，了解情况后，她站在了丈夫那一边，帮着驱赶众人。正好他们家大约上五年级的儿子放学回来，他飞身一脚踢向了汽车，嘴里还骂着“×××破车”之类的脏话。

情绪和观念融合的家庭是不健康的。这类家庭中的成员一般没有主见，相互依赖性强，即使家人持有一种错误的思考方式，他们也不会察觉。

摆脱融合状态即“自我分化”。**自我分化顺利的家庭是健康的。自我分化顺利的人不仅有主见，而且善于倾听他人的想法。**

在韩国，以家长为中心的家族主义观念的盛行，使得孩子在自我分化过程中遇到很多绊脚石，因为孩子从小就被要求听从处于支配地位的父亲和扮演牺牲角色的母亲的话。但幸运的是，孩子天生就有“反抗的力量”[①]。所以，当父母想要操纵孩子时，孩子就会做出反击，使父母放弃对自己的期待。这时，父母会感到不安和伤心，甚至会发出“他是我的孩子吗？真是要疯了”的

① 有机体（人、动物、植物等）自己选择生活方式的力量被称为“自我实现的倾向性”，即反抗的力量。

感叹，内心非常压抑。但血缘关系是无法断绝的，因此不满和愤怒渐渐累积下来，最终会在某一天爆发。

愤怒的另一面是自责。父母看到孩子的行为之所以会感到愤怒，是因为他们从孩子身上看到了自己的影子。有的父亲看到很会整理房间的儿子会感到生气，正是因为他自己是一个很仔细、事事追求完美的人，所以他希望儿子能够做事不拘小节。

让孩子按照自己的意愿生活

父母一心想着孩子，难免会经常唠叨。这些唠叨也许日后会对孩子有所帮助，但是没有节制的唠叨往往会引起孩子的反感，结果适得其反。就算是甜蜜的话语听多了也会腻，更别说那些不中听的话了。

也许养育孩子并没有什么新颖、特别的方法，反倒对他说“孩子啊，按照你自己的意愿生活吧”，更能使他健康茁壮地成长。

“所有的事情不都是偶然的吗？命运不都是注定的吗？”

即使是双胞胎也有着截然不同的生活，我们的人生也是这样。人类拥有从偶然中寻找必然的能力，科学法则也须经过一番探索研究才会被人们发现。教育学、心理学和咨询学有着同其他科学一样的发展历程，在偶然中寻找必然：通过对无数个事例和现象的分析得出结论。

科学中最难的一个领域应该就是流体力学了吧。大气中，一个微小因素的变动都能导致完全不同的结果，蝴蝶扇动翅膀会引起台风（即蝴蝶效应）也正基于此。尽管如此，人们还是可以通过无数数据的分析和统计，来预测第二天的天气。

主要研究人际关系的咨询学也像大气科学一样难懂，因为要将影响人类性格和行动的无数个因素一一进行分析是一项巨大的工程。但是，数学中也有这样的原理：已知的影响因素越多，成功预测的概率就越大。

即使将咨询学中提到的所有价值理念都学会，人类也不会完全按照理念去生活，正如去教堂做礼拜的人不可能像耶稣一样生活。但是，学习咨询学的过程，其本身就能给我们带来一种变化。就像蝴蝶扇动翅膀带来的蝴蝶效应一样，这是我们努力了解自己和他人的一个开始。

三

从现在开始，改变你的想法

真正的道歉和礼貌上的道歉不同，真正的道歉意味着父母不再站在命令者的位置，而是平等地将子女人生的指挥棒归还给它的主人。

“我不想去上学。老师说我迟到、上课打盹、态度恶劣、坐姿不好……老师总是这样折磨人。‘你这是干什么呢？长大了想做什么？令人心寒的家伙……’老师轻蔑的眼神和不屑的话语，让我心情变得很差。这是热爱学生的人对学生说的话吗？而且还像看虫子一样注视我？每到这时候，我更讨厌在背后嘻嘻笑的同学们。被训斥时伤心的感觉，他们也都体会过，还在背后笑我，真是太卑鄙了。我也知道反省啊，如果我听话，大人们应该也会少操点儿心吧，但我真的很厌恶那种装作很关心别人的行为。他们应该都很清楚什么是虚情假意，至少应该谦虚点儿不是吗？当有人皱着眉头对我说‘真是担心你的人生’的时候，我反而觉得他们很可悲。说这种话的人，没有哪个是优秀的。这种人自己都不受人喜欢和尊敬……”

玄静的妈妈一边擦眼泪，一边将女儿的日记递给我看。

“孩子日记里竟然这样说！几天前她搬到朋友家里睡，一直不肯回家。听说她还在咖啡店打工，总是无故旷课，书包里还有烟。”

“虽然她日记里边的话比较粗鲁，但文章写得不错啊，把自己的委屈和悲惨都描写得很好。”

听到我的话，玄静的妈妈叹了口气。

“玄静小时候读过很多书，可是每次写日记的时候，她总是写今天做了什么很开心，做了什么很不开心。老是这样写，为此我训斥过她很多次。”

“啊！训斥她吗……”

“日记里不是应该写今天做了什么错事需要反省，以后不再犯之类的吗？”

玄静妈妈认为日记里应该有反省的内容。

“玄静妈妈，您是不是经常感觉到憋闷呢？”

"是啊。严重的时候我会吃药。"

"您吃药吗？"

"会吃些安眠药。我以为这样做能让玄静稍微争气点儿。"

如玄静妈妈所言，她像演戏一样用吃安眠药的方式威胁女儿："你再这样下去，妈妈就去死。"

"您用过别的方法吗？"

"因为玄静在朋友家过夜的次数越来越多，我一气之下还剪过她的头发。"

"您亲自动手吗？"

"是。"

"您做了很多母亲不应该对女儿做的事情啊！"

"是啊……"

"最近您有感到幸福的时候吗？"

"没有。"

"玄静爸爸是怎样的人呢？"

"是个大男子主义者。玄静几天没去学校这件事，孩子他爸到现在还不知道。玄静说，如果我把这件事告诉她爸爸，她就立刻去死，所以我没敢说。"

"孩子以死威胁妈妈也是跟妈妈学的啊！"

"是啊……"

玄静妈妈泪如雨下。

对话暂时中止了一会儿，因为玄静妈妈需要冷静。

“玄静每天在朋友家睡，朋友的父母没有说些什么吗？”

“我对她朋友的父母说这样是不行的，不过他们说，自己的女儿在初中的时候叛逆行为比这还严重，转了好几次学也没管用，不用刻意去管，以后就会好了。”

“那也应该把玄静带回来才行。”

“我和孩子她爸一起去过，但玄静说讨厌回来。最终我们拗不过她，只好放弃了。”

这次战胜父母的经历，应该让玄静备受鼓舞吧，这可能成为玄静更加叛逆的动力。不过，这样的孩子比那些丧失了反抗欲望的孩子要好得多。

我为玄静妈妈制订了目标。

“从现在开始您应该改变您的想法。”

玄静爸爸是一个运动服装公司的职员，妈妈是服装学院的讲师，这个家庭的生活条件并不差。玄静有一个上大学的哥哥，不过哥哥对玄静也是束手无策。20多岁的他，估计也有不少自己的烦恼。

“您的家中有人身体不好吗？”

“没有，没有人身体不好。”

“那真是感谢上天。没有家人遭受疾病折磨，就很值得庆幸了。”

“嗯，是啊。”

“您说过最近没有感到过幸福，是吧？玄静爸爸是一个大男子主义者，那么玄静爸爸没有酒瘾或者暴力倾向吧？”

“当然没有了。他只是有些自大。”

“啊，那也是值得庆幸的一件事。对他自大的行为您大可装作没看见。对玄静的叛逆行为最为忧心忡忡的人应该就是玄静爸爸了。不过为了保持自己的威信，爸爸可能会将孩子交给妈妈管。”

“您的意思是，孩子她爸就算担心孩子，碍于面子也不会去管孩子？”

“是。大声咳嗽以示威信的父亲内心都隐藏着一个胆小的自己。孩子的爸爸心里应该有很多的烦恼。”

“我本来以为丈夫和孩子都只会让我操劳、让我烦恼，现在想想，事实并不是那样的。”

“是啊，所以您没有必要用吃安眠药的方式来表示‘我很累’。母亲是家庭的雨伞，人们也是这样认为的。”

妈妈很累，家人让她疲惫。即便如此，一想到自己是重要的、有价值的、值得珍惜的人，妈妈就会重新充满了力量。

“可是玄静无故旷课这个问题该怎么解决呢？已经很多次了，这让班主任很为难。”

“几天不上学并不意味着人生会就此毁掉。”

玄静的妈妈似乎想起了什么不好的回忆，紧皱着眉头。

“我从老师那里听来很多不好的事情。老师都说她逃课、离家出走，怕她接下来喝酒、抽烟，弄垮身体。”

“所以老师让您怎么做呢？”

“也没说怎么做……我还听说因为玄静，整个班级的学习风气都变差了，她给班里带来了很不好的影响。”

“听起来老师是想让玄静退学吧？”

“我也这样觉得。有的老师也直白地把这话说了出来。”

这种情况也暴露了学校没有认识到自身的局限性。学校无法按照每个学生的特点进行教育，只不过它不承认这一点，而是将问题的原因都归结到学生身上。所以，学校总是给学生负面的信息，最后迫使学生离开学校。

“玄静妈妈，人生有百年之久，让孩子休息一年再去上学也没关系。就算再着急，如果前面没有路，我们也无可奈何，不是吗？”

“是吗？不管怎么说，玄静早点儿高中毕业，我也能早点儿放下心来。孩子他爸也觉得她应该按时毕业。”

她又急切地问道：“这样等待就行吗？”

“您和平时一样就行，不过不要再说‘担心’这两个字了。”

改变固有的价值观并不是一件容易的事情。不过，玄静妈妈是一个积极的人，一周的时间里，她给女儿发了好几次短信。她改变的速度十分快。

“玄静啊，妈妈很抱歉上次以自杀来威胁你。我错了！真心地向你道歉。”

“妈妈很多时候都没能理解你。我爱你现在的样子就可以了，妈妈太唠叨了。”

“玄静啊，你吃晚饭了吗？一定要好好吃饭。”

“玄静啊，我把洗好的衣服放在衣柜里了。对了，妈妈忘记喂狗狗吃饭了。你能回来喂喂它吗？”

玄静妈妈竟然跟自己的女儿真心道歉，这是一个令人吃惊的变化。真正的道歉和礼貌上的道歉不同，真正的道歉意味着父母不再站在命令者的位置，而是平等地对待子女，将子女人生的指挥棒归还给它的主人。

玄静妈妈为了女儿向公司请了假，假期还没用到一半，她就回到工作岗位了。她听从我的“担心也没有用”的建议后，决定使生活回到正常的轨道。在因为女儿而惴惴不安的日子里，她接受了我的“营造温暖家庭氛围”的建议。当然，她对我的建议，并不是一开始就点头赞成的。

“在朋友家的时候，看到朋友一家人在一起的幸福场景，玄静不会感到难受吗？如果玄静误会‘没有爸爸、妈妈，生活依然很好’怎么办呢？”

“玄静肯定不会这样想的。如果家里气氛不好，玄静就更难回来了。有母亲翘望的温暖家庭，玄静会自己想要回来的。”

营造温馨的家庭氛围，让孩子回家

青少年的叛逆、彷徨、乖戾、自暴自弃，其中多掺杂有报复的心理。但这种报复始终不会让人开心，因为这是虐待自己，并让家人痛心的事情，所以孩子的心中常有结束叛逆回归正常的想法。**如果这时家庭氛围仍然不好，即便孩子想回也回不来。**因此，就算是为了让孩子回家，我们也应该营造温馨的家庭氛围。

玄静妈妈决心更加用心地对待丈夫和女儿。旁观者一样的丈夫、因为害怕现实而选择逃避的女儿，最后都理解了妈妈所做的努力。玄静妈妈深刻地意识到了自己的作用。

一个月后，玄静爸爸来找我了。

“初次见面，我妻子从您这儿获得很多帮助，我专程来向您致谢。”

“我不过是尽我所能去帮她。”

“我妻子来这儿之前还去找过神父。”

“啊，是这样啊。那肯定有所收获吧？”

“这个嘛……那个神父太年轻，也没养过孩子，所以没有什么帮助。我也劝她说不用去咨询。”

“可能我也没帮上什么忙吧！”

“我不是说老师您没有帮上忙。我刚才不是说了嘛，呵呵。”

玄静爸爸并不是以咨询者而是以探索者的身份来见我。我认为这时应该以非老师的自然人身份和他交流，因此我邀请他一起去一家专门做韩式煎饼的小店喝米酒。

玄静爸爸问我：“和妻子吵架的时候，老师您会怎么做呢？”

“我们夫妻没吵过架。”

“看来您的妻子是一位贤妻良母，您一定很幸福。”

“嗯，是啊。为我做饭，为我洗衣，她是一个好女人。”

玄静爸爸笑了起来。

“老师您看上去性格很好。”

“不，我很敏感、挑剔。不过，我从未和妻子吵过架。”

玄静爸爸睁大眼睛说：“那您的妻子一定是个完美无瑕的人了？哈哈。”

“她的缺点很多，可正因为这样才充满了魅力。”

玄静爸爸就像玩心理游戏一样，将一个又一个问题抛向我。我以毫无保留、坦率的态度面对他的这些问题。因为要帮助咨询者解决他的痛苦和家庭矛盾，作为咨询师的我应该有一个开放的心态。

喝完几杯米酒后，玄静爸爸开始袒露他的内心。

“有没有什么方法可以避免夫妻争吵呢？要怎么办才好呢？”

“我结婚的目的是让妻子幸福。我觉得，妻子的幸福就是我的幸福。我们是因为相爱才结婚的。当孩子出生后，我把让孩子幸福作为我的第二个目标。如何让妻子和孩子幸福，是我每天都会思考的问题。作为一家之主，我从来不会特意要求她们为我做些什么，不论是爱还是别的，我认为这是施与者应有的责任。我以这样的心态生活。对于妻子为我所做的一切，我都充满感激。而妻子的想法也和我一样。”

和玄静爸爸喝完3瓶米酒后，我们又一起去了KTV。玄静爸爸唱了一首歌：

“人生是一幅未完成的画，需要我们去亲手完成……”

回来的路上，玄静爸爸伸出手来和我握手。他用力握着我的手对我说，今天见到我很高兴。

打开内心，改变自己的想法

“国王的耳朵是驴耳朵！国王的耳朵是驴耳朵！”

在竹林中大声说出这个秘密的理发师，内心感到无比畅快。对于像理发师这样吐露心声的人，我们所能做的就是像竹子一样静静地倾听。经过“开放——倾听——共鸣”这个简单的过程，就可以让咨询者放下心里的负担。

咨询工作的目的就在于帮助咨询者成长。因此，在咨询过程中，应该把握好角色分工，咨询者是主人公，而咨询师是协助者。最好的咨询是不需要咨询师的咨询，咨询师应明确自己是配角的定位。

咨询并不是说服或教育的过程。

特别是对那些有主见的人。

“我的问题当然我自己最清楚了，别人怎么能知道呢？我得有多么无能，才会问别人关于自己的事情呢？”

这是一个十分相信自己能力的人，因此咨询师没有必要给他提出建议。他对自己或家人求助咨询师的举动会感到很不满。不过，依赖型的人却不同。

“老师，我该怎么办才好呢？请告诉我方法吧！”

这类人期待咨询师能告诉他解决问题的方法或给他一本宝典。但是，期待咨询师像问题解决大师一样为他排忧解难，当然很不现实。

咨询师就像是帮助咨询者整理抽屉的人。咨询师询问咨询者是否保留这件东西，扔掉那件东西。而决定留下哪件东西，扔掉哪件东西的人是咨询者。

当不安、委屈、恼火和厌烦时，人们为了摆脱负面情绪，会做出很多努力。运动、游戏、外出用餐、购物等都是可以暂时缓解情绪的方法。和朋友聊天、看电影、看漫画、读书等也可以缓解情绪，人们还能从中获得灵感和智慧。听演讲、接受咨询则是高层次的精神活动。其中，咨询便是通过双向沟通来进行的非常有价值的活动。

从咨询者的立场来看，咨询是一个“打开内心的过程”。通过这个过程，咨询者可以发现自己的内心，并自发地做出改变。如同到新世界旅行般，变化是一件令人兴奋开心的事情。您还在犹豫不决地浪费人生吗？那么请改变您的想法吧！

三

不训诫、不发火，孩子才能成长发展

父母应该为孩子营造不阻碍孩子、让孩子自由成长的环境。而且，请抛掉父母比孩子明智的偏见吧。人是在学习中不断发展进步的，人是“自主学习的存在”。

经过3月的紧张和4月的无聊，5月里孩子们兴奋起来了。在5月，期中考试已经结束，儿童节、教师节[①]、父母节[②]等节日接踵而至，修学旅行、运动会等各种活动层出不穷。但这一时期因孩子离家出走而前来咨询的父母也增多了。

正容妈妈便因正容离家出走在咨询室哭了起来。来咨询室咨询的父母都有着强烈的追求幸福的愿望。

“正容很快就会回来的。”

---

① 韩国的教师节是每年的5月15日。
② 每年的5月8日是韩国法定节日“父母节”。

“真的吗？”

“看到您在咨询室哭泣我就知道了。有您这样担心孩子的母亲，子女肯定会很快回来的。”

这时美术老师带着一个孩子走了进来。孩子流着鼻血，眼睛哭得红肿。

“这孩子啊，今天来晚了，好像因为被妈妈训了。妈妈看到成绩表后，让他‘去死’。”

“那他肯定很伤心了。”

“是啊，别的孩子又取笑他是乞丐。平时这孩子也不会在意，今天却没忍住，一个人呜呜地哭了起来，鼻血也流出来了。”

“我知道了。您先带他去校医那儿看看吧！”

看到这样的情况后，正容妈妈说道：“我以前也对正容说过‘你去死吧’之类的话，我不知道这么大点儿的孩子也会因为这句话这么伤心。”

“气头上说出的话，以后会后悔的。”

训诫和发火对孩子造成的影响

“训诫”和“发火”不同：前者关注的焦点是问题，通过说明进行劝说教育；后者则陷入了感情的洪流，只想发泄自己的愤怒。没有父母想要通过感情爆发的方式教育孩子。

很多父母会下决心不发火，冷静地教育孩子，但情绪很难像人们一开始想象的那样调节自如。情绪与意志无关，它主要受自律神经和激素的影响。而且，在训诫孩子的过程中，情绪很有可能因为二次矛盾再次爆发。孩子紧闭嘴巴保持沉默、哭泣着回答父母、小声地辩解、生硬地顶嘴、冲父母大喊大叫，等等，这些行为都有可能让父母的愤怒值再一次爆表。

	训诫	发火
对象	问题	孩子
焦点	解决问题，调整行为	非难，消火
父母情绪	从容，坚决	亢奋，愤怒，情绪爆发
子女反应	对失误和做错事感到后悔，反省	不安，忧郁，羞耻，挫折，逃避，抵抗
语言表达示例	“在妈妈看来，你这次做错了。”（评价） “有没有更好的办法呢？”（提议） “有没有必要改变习惯呢？”（劝告）	“你怎么这个样子啊！”（人身攻击） “学学隔壁家的孩子吧。让人寒心的家伙。”（比较、非难） “因为你，我快活不下去了。”（怒火中烧）
结果	· 孩子极有可能改变自己的行为或习惯 · 父母教育过度，有可能引发强迫症等症状	· 孩子说谎和犯错的可能性增加 · 亲子关系恶化 · 父母的威信弱化

在父母发泄愤怒的时候，孩子肯定会试图躲藏起来。由于委屈、不安或者羞愧，孩子会想要逃避或者干脆同父母作对。在这种情况下，孩子很难对自己的行为或习惯进行反省和改进。那么，合理的训诫就很好吗？事实并非如此。

成长过程中，经常被父母训诫以及成为父母发火对象的孩子，反应十分符合“韦伯定律”。韦伯定律指出，经常接受同样的刺激，人的感官会变迟钝，需要给予更大的刺激，人才会有所反应。在经常训诫的父母养育下长大的孩子，会形成属于他们自己的生存方式。**面对经常训诫的父母，孩子手足无措，不知道如何是好，最终会选择无视父母的举动。**在学校也是如此。经常体罚和呵斥孩子，孩子会学会逃避的方法。

将逻辑思维还没发育完全的孩子逼到困境，对父母（特别是知识阶层的父母）来说并不是难事。但真的这样做的时候，并不能得到我们期待的教育效果。被父母压制的孩子又会有什么创意性的做法呢？让孩子患上强迫症和忧郁症，并将原因归咎于孩子，这是不正确的。

放手，才能让孩子展翅高飞

实际上，父母不训诫、不发火，孩子自己也会成长发展，这是很多父母和老师都有过的体验。下面是我的一个学生发给我的电子邮件的部分内容。

老师，您曾经是我高一时的班主任。

我初中的时候学习成绩不好，也没有自信，所以一直希望去职业高中读书。父亲对我说，考不上大学也没关系，只要能在普通高中毕业就行，所以我来到了这所高中读书。就这样，我毫不期待的免费高中生涯开始了。

老师第一次走进我的人生，是在我逃掉晚自习，去娱乐室玩的那天。

有人走到正在玩飞机游戏的我身边，提出和我一起玩。转过身看到是您后，我十分惊慌。因为本应该训斥我偷懒的老师，竟然提出要和我一起玩游戏。也许正是那天，我开始信任老师，并向老师打开了心门吧！老师您没有训斥我，而是认真倾听我的彷徨，对我的状态表示了理解。

当我在懵懂中体会到学习的乐趣后，我开始疯狂地用功。至今我还能想起，自己把您在作业本上批示的好好学习的句子贴在读书室里，一心读书的场景。

因为老师，我考上了首尔大学数学系。毕业后，老师您也一直是我的师表。当我在上大学前拜会老师的时候，您说我的体质太弱，应该多注意锻炼身体。所以进入大学后，我开始学习剑道，取得了剑道三段。首尔大学开设的所有体育课，除了足球我全都学习过。大学三四年级的时候，我参加了 ROTC（Reserve Officers' Training Corps，美国预备役军官训练营），这让我在大学毕业入伍后，直接被任命为少尉，度过了一段有意义的军队生活。

退役后拜访您的时候，您让我努力生活，成功后再来找您，所以我十分努力地生活，并且多次思考成功的含义。我知道，您所说的成功并不是指经济上的成功，最后我决定也像老师您一样，把成为一名好老师作为我的奋斗目标。

回顾这一切，我认为我的一切成就都是老师您教育的成果。我也不知道为什么老师您对我说的话会成为我生活的目标，大概是因为我真心地尊敬老师您吧！

老师，我现在在京畿道龙仁市的韩国外国语大学附属高中担任数学老师。我结婚了，有一个 7 岁的儿子和一个 5 岁的女儿。为了健康，我每周都会抽出两三天的时间去剑道场练习剑道。我以老师您为榜样，努力做好一名教师。闲暇时间，我还在玩喜欢的游戏。我顺利通过了 EBS（韩国教育广播电视台）讲师的选拔，从去年开始录制电视讲义。因为老师，我收获了很多，而且正在为更美好的生活而努力。谢谢您，我心目中最尊敬的老师，真心地尊敬和热爱您。

金×× 敬上

2013年 教师节

收到学生的邮件后，我不由得感叹“这样的故事难道不像是小说中的桥段吗”。说实话，我只是去娱乐室玩玩，看到学生后提出了一起玩的想法而已。我已经不记得曾在他的作业本上写过好好学习的话这件事，如果我这样做过，大概在其他学生的作业本上也写了同样的话吧！但我的这个学生却认为他的成功是我的功劳。

我回复他这是一个误会，告诉他：“这是你自己做到的，我不过是没有妨碍你而已。”还有一个不可忽略的事实是，在学生成长的过程中，父母的作用十分巨大。“父亲对我说，考不上大学也没关系，只要能在普通高中毕业就行”便是证明。**幸好父母没有把自己的期待强加给孩子，所以孩子才能展翅高飞。**

也许这个学生的情况是特例，但它也告诉了我们一点，那就是父母应该为孩子营造不阻碍孩子、让孩子自由成长的环境。而且请抛掉父母比孩子明智的偏见吧！人是在学习中不断发展进步的，人是“自主学习的存在”。

四

父母的唠叨是孩子压力的第一来源

有强迫行为的孩子，他们的父母大部分也有强迫倾向或唠叨过度。父母适度的唠叨可以表达对孩子的关心，但过度的唠叨会使人难以忍受，甚至濒临崩溃。

高考结束后，珉洙的话一天比一天少。有时候，他会一个人坐在教室的窗边，望着远方的操场叹气。

有一天傍晚，在夕阳的余晖下，我看到独自坐在教室里的珉洙。

“珉洙啊，你有什么烦恼吗？”

珉洙没说话，冲我笑了笑。

“你在担心高考志愿的事情吗？”

“是，我只是……”

珉洙对鱼类学很感兴趣，考上位于忠清南道牙山的S大学是他的愿望。

“你不是说想学海洋生物学专业吗？”

“是，我在志愿里也写了。”

“你喜欢鱼类学的原因是什么？”

“就是……因为鱼不会说话。”

“因为鱼不会说话……为什么这么说呢？”

“它们肯定不用听妈妈的唠叨吧！”

“唉，你这孩子，父母的唠叨就像无聊时吃的零食，不用细嚼，咽下去就行了。”

“但零食太多了。我因为吃得太多，感觉都要吐了。”

我在高考说明会上见过珉洙妈妈：外套的衣领竖立在耳朵下方，直视前方的她拒绝和别人交流。据珉洙说，他的妈妈很强势，连爸爸也经常看妈妈的脸色行事。不过第二天，我意外地接到珉洙爸爸的电话，他想见我一面。我让他来学校一趟，但他坚持要在外面见面。

在一个离学校有点儿远的日本料理店里安静的包间中，衣着不见一丝褶皱、干净整洁的珉洙爸爸早已在里面等我了。珉洙爸爸向我九十度鞠躬，郑重地跟我打招呼。

“您这么忙，还让您来这里，真是抱歉。”

“没有。谢谢您能叫我来。”

“我们珉洙有很多不懂事的地方，在学校的时候让您费心了。”

“没有。珉洙很善良。”

珉洙虽然很善良，但有些过于小心了：他写的字就像打印出来的一样整洁；在考试专用纸OMR（Optical Mark Reader，光标阅读机）卡上填涂时，连0.1毫米都不会越界，涂得十分认真；头发和衣服总是干净的；从不会迟到；不会在上课时间吵闹，也不会在走廊上乱蹦乱跳。他是一个严格遵守规章制度的学生。但有这种强迫性表现的珉洙有些畏首畏尾，所以他的成绩并不理想。

我问珉洙爸爸：“我听说珉洙志愿上填报的是海洋生物学专业。”

“啊，是。好像这是和他妈妈商量后的决定。”

“啊，那么您不知道这件事吗？”

“啊，不是。我知道。”

“……”

珉洙爸爸表情有些抑郁，可能是对儿子申请地方大学感到不太满意。

我又问道：“您知道班里的孩子怎么称呼珉洙吗？”

“孩子们取笑珉洙吗？”

“怎么会取笑，像珉洙这样的孩子谁会取笑呢？”

“啊……是。”

珉洙爸爸回答得心不在焉。

吃饭期间，珉洙爸爸几次想说什么，又转移了话题。最后，我主动询问他：“珉洙爸爸，您今天见我有什么事吗？”

直到这时，他才小心翼翼地开口：“那个……我能拜托您写一份大学推荐信吗？”

虽然我不是年级主任，但作为学科主任，在学生要求的情况下，也是可以写推荐信的。

“好的，是哪所学校的推荐信呢？”

珉洙爸爸没有说话，拿出了一个文件袋。文件袋的封面印着首尔大学的标志。打开文件袋，里边也是关于首尔大学的文件。

“我说，这不是首尔大学的推荐信吗？”

“是……是这样的。”

按照学校的规定，首尔大学的推荐需要经过会议讨论和审查才能决定，而且以珉洙的成绩，是不可能进入首尔大学的。不知该说什么的我，睁大眼睛望着珉洙爸爸。

他皱着眉头说道：“我也知道这件事很荒唐。”

“那为什么……”

“这是我的愿望，您能写给我吗？”

“您有什么隐情吗，让我写这封根本不会被接收的推荐信？”

珉洙爸爸叹了口气，开始讲出实情。

“我们公司有好几个同事的孩子都考上了重点大学。去年一个经理的儿子考上了高丽大学法学院，今年又有一个同事的儿子考上了医科大学。公司会餐的时候，常有人问起我的儿子，他们都想知道完美的部长是不是也有一个完美的儿子。我本来想实话实说，不过最终没能说出口，下意识地撒谎说儿子收到了去首尔大学的推荐信。”

“真是的！”

“第二天我本来想说实话，可是这件事已经在公司传开了。”

“唉，事情变得棘手了……”

珉洙爸爸冲动之下说了谎话，看到他为遮掩这件事心急的样子，我也不好受。但我最担心的是父亲的造假会不会给珉洙带来伤害。事已至此，珉洙爸爸又向我求助，如果我拒绝的话，会让情况变得更加难堪。

“珉洙爸爸，我帮你吧。”

“什么？老师，您真的要帮我吗？”

“是，但是这件事不能让珉洙知道。而且就算是申请地方大学，也请您让珉洙安心地按照自己的性格和兴趣选择合适的专业吧。”

“是，我会那样做的。真是太感谢了。”

我一边为珉洙爸爸倒酒，一边说道：“珉洙爸爸生活很严谨啊！”

珉洙爸爸羞愧地回答道：“老师，您别取笑我了，我已经感到很丢脸了。”

“我是真心这么认为的，您现在不是因为一个谎言而在我面前后悔万分吗？”

“是，我知道您的意思了。谢谢。”

“人每天都生活在谎言中。人（Person）和人格（Personality）都起源于人格面具（Persona）这个词。过度装饰自己是生物的本能，但如果能从这样的本能欲望中解脱的话，人们就会变得更幸福吧？”

“是，好像是这样的。看各种脸色生活该多累啊……一方面觉得没必要这样，另一方面又不能随心所欲，想到这些真是郁闷啊！从现在开始我想改变我的生活。”

当年，珉洙顺利地考入他申请的海洋生物学专业。

像珉洙一样有强迫行为的学生，我们观察他们考试时的举动，就可以看出端倪：问题再简单也要一遍一遍地读；涂卡的时候也特别仔细，并且一遍遍地确认写的答案是否正确；考试结束后，总是感到不安，“好像涂错卡了”“我少填了一格吧”“啊，怎么办呢”……最终忍不住去找老师确认是否填错了卡。

强迫症（强迫障碍，Obsessive-Compulsive Disorder，OCD）的行为表现有：强迫式地去做一件事情、再三确认、重复整理、拖延行为、收集癖等，至今人们还不明了其形成原因。人们推测强迫症的发生与大脑的激素分泌及父母的影响有关。

根据我的经验，有强迫行为的孩子，他们的父母大部分也有强迫倾向或唠叨过度。父母适度的唠叨可以表达对孩子的关心，但过度的唠叨会使人难以忍受，甚至濒临崩溃。

教育孩子莫唠叨，用行动做表率

我在写作《子女对父母感到失望的研究》时，曾以高中以下的学生为对象进行了一项问卷调查。我发现，**大部分孩子认为父母的唠叨（强制和压制）是他们压力的第一来源**。不过大部分父母认为，唠叨是他们的本分，是家庭教育的主要手段。

“父母的唠叨是良药。”

“‘说’是进行饭桌教育，说出的话怎么能算是唠叨呢！”

事实真的如我们所认为的那样吗？唠叨具有教育的效果吗？

唠叨是通过施加压力制止孩子某种行为的手段。但**教育心理学认为，唠叨并不能诱导孩子去做值得肯定的行为，**反而会减少孩子的这种行为。

“去打个招呼吧！既然要打招呼就要做好。”一直这样要求孩子的话，会使孩子的大脑形成“我——不会——打招呼”的观念（图式，Schema）。而且这样的唠叨越重复，越会强化孩子的这种观念，最终导致孩子难以顺利打招呼，或打招呼的时候表现得十分僵硬、不自然。孩子打了招呼反倒感觉不舒服，渐渐开始逃避和人打招呼。

当意识到孩子没有礼貌的时候，父母不应该唠叨孩子，而是要亲自做出表率。就算孩子打招呼的方式很不自然，大人也应该积极接受这一点，对孩子表现出耐心。这样孩子会渐渐鼓起勇气，积极地去打招呼，对方也会觉得孩子很懂事。

父母的担忧和唠叨会使孩子畏缩不前。当父母表现得十分乐观时，孩子也能挺胸抬头，充满信心。我小时候，父亲对曾经是矮个子的我说：“你肯定会长得比我高的，担心什么啊！”当我担心怎么赚钱时，父亲对我说：“你肯定会赚得比我多，担心什么啊！”当我苦恼怎么成为优秀的人时，父亲对我说：“好好生活不就行了，担心什么啊！”父亲的这些话并非出于讨好，父亲话语中饱含的真诚爱意全都传递给了我。

“孩子不是看着父母的嘴巴去学习，而是看着父母的行动去学习”，这句话道出了教育的真理。只唠叨，不做出表率的父母；

既不唠叨，也不做出表率的父母；一边唠叨一边做出表率的父母；不唠叨，只做出表率的父母；哪种父母最优秀呢？对于这个问题，我想答案已经很明确了。

五

认同孩子真实的自我

维持自尊，最好的方法是“认同真实的自我”。不管是强大还是弱小，富有还是贫穷，知识渊博还是浅薄无知，这都与灵魂的美丽无关，我们只需爱真实的自我就够了。

比平时晚下班的我在路上被生活指导部的李老师叫住了。

“部长，您能帮下忙吗？”

“怎么，出什么事了？”

“孩子们打架，有个孩子受伤了。孩子的爸爸现在正在来学校的路上，通电话的时候感觉他好像喝了酒，而且非常生气，说不会放过打人的孩子。”

我走进生活指导部的办公室，看到民玹低着头坐在沙发上。询问民玹后我知道了事情的来龙去脉。

志旭在那儿自言自语说脏话，承泰误以为志旭在骂他。承泰让志旭去洗手间，还带了两个朋友一起跟去了。志旭解释说没有骂他，但承泰还是扇了志旭耳光，理由是平时就看志旭不顺眼。去洗手间的民玖正好看到了这一幕。民玖是志旭的朋友，于是挥拳揍了承泰，正好打到承泰的眼角。朋友们在一旁劝架，这才阻止了事态的恶化。

承泰的爸爸一脸不高兴地走进办公室并问道："那个叫民玖的小子在哪儿？"

喝过酒的承泰爸爸表现得十分亢奋。

"承泰爸爸，我是咨询部长。请您冷静点儿，我们坐下来慢慢谈吧！"

"医生说我们承泰有可能失明！我现在要气死了！"

"什么？有那么严重吗？承泰去的哪家医院？"

"我妻子带他去了塞弗伦斯医院。"

"住院了吗？"

"没有，治疗完毕正在往这边来。"

听到这儿我说道："啊，既然没有住院那应该还好。为承泰治疗的医生应该是把最坏的情况说了一下而已。"

承泰爸爸突然发起火来。

"医生都说了有可能失明。真失明的话，老师您能负责吗？"

“当然，我会负责的。承泰会好的。”

承泰爸爸愣了一下，看着我说：“这您可负不了责。”

这时，站在一旁的民玖走上前来，低头面对承泰爸爸。承泰爸爸打量了下民玖，说道：“是你吗？是啊，看来应该是你了。我也打过很多次架，所以一点儿都不想受到什么处罚。”

承泰爸爸一边说话，脸色也变得更加难看了。气氛很不好，我赶快打断了承泰爸爸的话。

“您不愿意孩子接受处罚？像您这样宽宏大量的父亲真是太少见了。赶快向承泰爸爸道歉。”

民玖有气无力地说道：“对不起……”

承泰爸爸大声喊道：“对不起？你不用说对不起。”

“……”

这时承泰爸爸再也按捺不住怒火。

“呀，你这个家伙！你把眼镜摘了，我也要打伤你的眼睛！”

承泰爸爸看起来像是要打民玖，但观察他的动作可以知道他还没有失去理性。

“让你爸爸来！我要把你爸爸的眼睛也打伤，知道了吗？”

“承泰爸爸，请息怒。”

我一劝他，他更加提高了嗓门。

“你爸爸在哪儿呢？打电话，让他快点儿来！”

民玖小声地说道：“爸爸……在上班……现在来不了。”

“哪个地方？”

“不知道今天在哪儿，反正是在上班的地方……”

这时民玖的妈妈走进了办公室。看她两手不安地握在胸前，低头的样子，应该是已经知道了事情的来龙去脉。一眼就认出承泰爸爸的民玖妈妈说道：“那个，我是孩子的妈妈。真是对不起，对不起，太对不起了！”

承泰爸爸见到民玖妈妈后紧闭双唇，不再说话。在这个情景下，我说道：“好，现在大家先坐下慢慢说吧！”

等到承泰爸爸坐下，民玖妈妈也坐下来，并说道：“听说承泰被送到了塞弗伦斯医院，我去过医院了。可能是错过了，因此没有见到承泰。听说没有住院……”

“啊，原来您已经去过医院了。您一定很着急。”

“是，我很担心孩子的伤势……”

过了一会儿，承泰和妈妈走了进来。承泰的眼睛上戴了眼罩。民玖妈妈看到后立刻站了起来。

“对不起，真对不起！伤到了承泰。”

我赶快为他们介绍：“这位是民玖妈妈。刚才她已经去塞弗伦斯医院了，可能走岔路了，所以没见到你们。”

承泰妈妈怒视着民玖妈妈，提高了嗓门：“对不起就完事了吗？该怎么办呢？如果我的孩子失明了，你就完蛋了！”

我摘下承泰的眼罩，他的眼睛看上去有些红肿，但并不严重。

“承泰啊，眼睛还疼吗？”

听到我的话后，承泰用蚊子般的声音回答道：“不疼了，没事。”

看到这一幕的承泰爸爸转移了视线，自言自语道：“寒心的家伙……”

我让大家都坐下来，开始进行调解。如果事情处理不当，民玫家可能要支付巨额的损害赔偿费。虽然承泰受了伤，但最先做错的是承泰。对于这一点，我认为有必要向他们说明。

“虽然志旭没在这里，但在这次事件中最伤心的人应该就是他了。因为他被承泰叫过去挨了巴掌。民玫看到了这一幕，才忍不住向承泰挥起了拳头。如果我是民玫，也会这样做的。承泰爸爸您是怎么想的呢？”

“……”

承泰爸爸思考了一会儿，竟然这么说道：“我一直教承泰不要挨打，还让他去学了合气道……我觉得挨打的人真是废物，作为男子汉真是太窝囊了……”

按照承泰爸爸的话，志旭是最废物、最令人寒心的人。不过不管怎么说，现在最重要的是安抚承泰父母的情绪。我综合了承泰父母的话，着重强调了值得肯定的地方。

“承泰爸爸刚才说过不想民玖受到惩罚。一般遇到这种事情，父母都会愤怒地要求打人的孩子退学，但承泰爸爸并没有这样做。因为承泰爸爸也知道民玖不是故意打人的。承泰妈妈刚才说如果孩子失明是不会善罢甘休的，但出现这种情况的概率很小，所以只是一种假设而已。子女挨打时，有的家长会直接打电话把警察叫来，把学校搞得鸡犬不宁，两位在愤怒窝火的状态下没有采取这样的做法，而是选择来到学校坐下商议，我十分感谢。”

说服别人的时候，应该从肯定对方正面的行为出发。抓住对方的弱点使其屈服只是暂时的，并不能真正说服对方。

最终，双方达成和解，民玖妈妈答应支付承泰的治疗费用。在漆黑的操场告别时，承泰爸爸这样说道：“我们孩子也有错，不过老师没有抓住这一点不放，对此我十分感谢。请代我向那个叫志旭的孩子说一声‘对不起’。还有，实际上我已经向警察局告知了孩子挨打的事情。等我回家后冷静地考虑一下，再决定要不要撤回上诉。”

当晚我收到了承泰爸爸已经撤回上诉的短信。虽然被诊断为眼窝骨折，但几天后承泰就不用再戴眼罩，视力渐渐恢复了。

操场对面是幼儿园。幼儿园的小朋友们在玩球的时候不小心将球抛到了远处，正好有个初中生经过把球捡了起来。一个小朋友喊道："喂！把球扔过来！"

初中生无可奈何地说道："小鬼，你怎么能对哥哥说'喂'呢？应该说'哥哥，请把球扔过来'吧？"

而小朋友很生气地说道："我不是小鬼！我是恩星！"

"你这个小不点儿脾气挺大啊！"

"给我球，快！"

小朋友生气地让初中生把球给他。初中生笑了笑，把球扔了过去。

幼儿园的小朋友和初中生不只在身体方面差距很大，心理差距也很大，所以他们根本不会发生打架之类的事情。大部分的争吵都发生在心理与身体相似的人相互感觉自己的自尊心受到伤害时。正如小朋友和初中生不会打架一样，自信的人是不会和别人打架的。

幸福源于认同真实的自我

根据亚伯拉罕·H. 马斯洛（Abraham H. Maslow）的需求层次理论，尊重的需求是高层次的需求。当人们满足了生存和安全的需求后，对尊重的需求也会提高。而尊重的满足并不能用客观的标准来评价，它取决于人们主观设定的价值标准。

尊重得到满足的主观标准受到个人道德良心、被他人认同和热爱程度的影响。如果这一切都能得到满足，自尊就能维持在一个较高的层面，而得不到满足时，自尊就会受到伤害。

因个人道德良心败坏而受伤的自尊很难恢复。例如，在不为他人所知的情况下受贿时，受贿者不会留下任何证据，被询问时也会说不知道。这是因为他知道，自己不能堂堂正正地受贿。这时，这个人为了战胜内心的自责会努力寻求他人的认同和喜爱。但这不是件容易的事情，因为自尊弱小的人不能给他人幸福感，他人也就不会给予他认同和喜爱。

当真实的自我不被人认同和喜爱时，人们就会渴望出人头地。人们期望通过获得权力、财富和地位来恢复自己的自尊。然而，如果一个人为了获得崇高的地位、强大的权力、丰厚的财富而卑躬屈膝，走上弯路，那么他的灵魂是贫穷的。通过不道德的手段获得权势和财富的人通常会蔑视心灵纯净却贫穷的人，这种态度背后隐藏着他们对拥有干净心灵的人的忌妒。

当尝试过各种方式都难以战胜自责感时，人们通常会选择改变自身价值观。将“不能偷东西”的标准换为“只要需要就可以偷”，甚至换为“就算不需要也可以偷”，因为只有这样才能减少自责。然而，这个方法会使人丧失道德上的自我。

维持自尊，最好的方法是“认同真实的自我”。不管是强大还是弱小，富有还是贫穷，知识渊博还是浅薄无知，这都与灵魂的美丽无关，我们只需爱真实的自我就够了。看到炫耀财富的人报以微笑，看到炫耀力量的人报以微笑，以一颗平常心对待别人，就不会有争吵的事情发生。

认同自己真实的样子，就可以获得心灵的平静。如果能多做些让别人开心、让自己开心的事情，那么幸福就离你不远了。

六

孩子需要细心地照料

这些孩子都是受到父母细心照料的孩子，都是在包容和鼓励下成长的孩子，都是无论学习还是其他方面都没有被严格要求过的孩子。

“老师！老师！”

龙植骑着自行车来到我面前。龙植小时候因为脑部疾病做过手术，现在身体活动仍不太自如。

“怎么了？出什么事了？”

龙植身体前倾，一直冲我笑。

“嘿嘿嘿，嘿嘿嘿。”

“龙植啊，你怎么了？”

“那个，我考上大学了！”

“是吗？祝贺，祝贺！”

龙植刚刚参加了首尔郊区一所大学的面试。

“面试考得不错啊？”

“是，加上我一共有3个人参加面试。我没被挑出一点儿毛病来，教授说那两个人没有自信，说我很自信，很不错。”

“好，太好了。我就知道你能做到。再一次祝贺你。握手！”

“嘿嘿嘿，嘿嘿嘿。”

一边的胳膊无法伸直，骨盆突出，只能侧歪着走路的龙植，每次看到他充满朝气的样子，我的心情就会变好。

患有先天性脑瘫的大奎也是这样。大奎是一个积极向上、对所有事情都充满热情的孩子。大奎大学毕业后从事手机行业，成为行业内全国知名的领头人。

“大奎、载勋、永修、哲浩、尚丘……”

回顾25年的教师生涯里我遇到的患有残疾的学生们，我不由得大吃一惊。

“为什么他们的性格都那么开朗阳光呢？”

是了，这些孩子有很多共同点：他们都是受到父母细心照料的孩子，都是在包容和鼓励下成长的孩子，都是无论学习还是其他方面都没有被严格要求过的孩子。

我的邻居哲奎的妈妈向我倾诉烦恼。哲奎现在正上幼儿园。

“孩子太固执了。给他买了玩具，只玩一会儿就厌烦了，吵着要其他玩具。因为不能每次都买给他，所以对他说不行的时候，他就会躺在地上打滚。有一次，他还躺在百货商店的自动扶梯上打滚。”

“那么一般谁会赢呢？”

“我输的时候比较多。”

“孩子他爸会怎么做呢？”

“孩子他爸看上去很凶，孩子会看他的脸色。有几次因为孩子一直闹，孩子他爸还打了他。每次打的时候，孩子都会说下次不会了……”

“打完以后后悔吗？”

“后悔啊！所以第二天为了让孩子消气，会把他想要的买给他。”

“真是的！”

“这样做不好，是吧……”

“怎么说呢……刚开始就不该打孩子的。”

哲奎妈妈小心地说道：“我听过有关父母教育的课程。老师说这样做是不对的，因为行为没有一致性，如果拒绝的话就应该一直拒绝。”

“是啊，就应该那样做。为什么没那样做呢？”

哲奎妈妈脸红了，吞吞吐吐地说道：“是啊……那个……”

我接过话头，“那个……不如想象的顺利吧？因为感情……”

这次哲奎妈妈迅速问道：“啊！需要管理感情吗？”

我停顿了片刻说道：“不用。不用管理感情，应该管理想法。”

“……”

孩子向父母提出无理的要求是在表达“关心我吧，我快无聊死了”的意思。

“您有没有很无情地对待哲奎的时候呢？”

“那个……他小时候只要我离开一会儿，他就会哭闹，所以我吓唬过他。”

“怎样吓唬呢？”

“我骗他：再这么烦人，妈妈就要走了。”

“通过开玩笑的方式吗？”

“是，当时好像把他吓住了。”

想要靠近妈妈却被制止的时候，孩子就会做出一些吸引妈妈的行为。想要获得关心，这也是引发孩子异常行为的原因之一。

“上次哲奎将一瓶发胶都倒进了下水道，说是要抓虫子……”

“真是奇特的想法。您训斥他了吗？”

“是，训斥了。”

“您不想让孩子变得有勇气吗？”

“当然想了。”

“那就不要惧怕自己会把孩子带坏。妈妈害怕的话，孩子也会变得胆小。还有请给孩子更多的关心吧，就像对待深爱的爱人一样。细心的照料，不论是孩子还是成人，都同样需要。”

父母简单粗暴的态度是孩子无理取闹的帮凶

因为过分无理取闹，搞得满身都是泪水、鼻涕、汗水的孩子，尤其让家长烦恼。某个爸爸的育儿日记中写道，对于只要一开始哭就停不下来的孩子，就算再怎么打他、求他，或者其他别的方法，都没有效果。最终爸爸得出了“时间是治疗这一切的良药”的结论。

经常无理取闹的孩子被送往医院的话，很多情况下医生会给予“坏脾气”的诊断，而且还会告诉父母应对这种情况的两个诀窍：其一，当孩子耍赖吵闹时绝对不要去关心；其二，当孩子力竭的时候，去呵护关怀他。

先是不关心，再去呵护，这样做真的有效果吗？

多项研究已经证明，**“胡萝卜加大棒”这种没有一贯性的养育方式会养成孩子的坏习惯。**小孩子爱无理取闹的恶习一旦形成，就很难在短时间内改正。这时，不论是育儿书的建议还是医院的治疗方案，都不会起到太大作用。

仔细观察孩子，我们会发现孩子和大人有很多不同点。除了骨骼的数量、脑部的发育程度、激素、体形等生理方面的差异，孩子的行为方式和欲望也与大人不同。

孩子的欲望和行为如同开关：哭着哭着又嘻嘻笑起来；活蹦乱跳后很快进入梦乡；喜欢的东西就算睡觉也攥在手中；曾经喜欢的东西一旦厌烦了立马会扔掉。孩子的欲望和行为转变得如此之快，让父母措手不及，很难马上满足孩子。我见过的爱无理取闹的孩子的父母，都是对孩子发出的信号反应迟缓的人。看报纸、上网、打电话或者看电视，大人们忙着做自己的事情，而忽视了孩子的需求。

我曾经见到过孩子一边拍打妈妈一边和妈妈说话，妈妈却装作没听见的情景。孩子问妈妈："妈妈，下次会给我买蓝色的衣服吗？"妈妈不说话，只在一旁笑。然后，孩子开始拍打妈妈的脸，直到孩子拍打了差不多20次，妈妈的脸变红的时候，妈妈才回答孩子的话："嗯，会给你买的。"

我也曾见过孩子在出租车的后座上穿着鞋蹦来蹦去，妈妈却毫不关心的情形。直到出租车司机小心地提示不要这样做，妈妈才简短地说了句"不要这样"。不对孩子解释不能做的理由，而是命令式地不让孩子去做。孩子观察妈妈的脸色，但并没有停止动作。一直反复命令孩子不要做的妈妈终于发火了，开始打孩子的屁股，一边打，一边重复之前的命令："都说了让你不要做了！"

除此之外，通过对其他事例的观察，我得出了一个结论：不对孩子耐心说明情况，父母的这种简单粗暴的态度，是孩子养成无理取闹的坏习惯的"得力助手"。只需充满爱心地向孩子仔细说明情况就可以，父母为什么做不到呢？出现这种情况，很多时候不是因为父母感到很麻烦，而是意识不到其重要性。下面是某个电视节目中一个经常无理取闹的孩子的妈妈所说的话。我想，通过这些话我们可以意识到自己有多么无知。

"每次看到那些对孩子表现出疼爱之情的妈妈，我就会觉得她们很虚伪。养孩子是多么劳累烦人的事情啊！这种情况下，妈妈还能对孩子这么宠爱，不是很假吗？后来当我发现自己的这一想法有多么离谱时，我非常吃惊。"

子女越小，父母就越应该成为子女的"24 小时便利店"，对孩子的要求快速地做出反应。如果不能答应孩子的要求，要耐心地解释原因，就算孩子太小无法理解也没关系。**孩子会从父母的反应本能地感觉到父母对自己的尊重，受到尊重的孩子是不会无理取闹的。**

七

孩子的自信来自父母的肯定

孩子行为的发展方向取决于父母对其行为的解释和引导。如果将内心软弱视为心灵美，那么孩子的心灵就是美的；如果将其视为懦弱，那么孩子就会懦弱。孩子一直被正面鼓励和肯定的话，他也会慢慢地向好的方向转变。

中秋节的前几天我接到电话。

“老师，我是强燮。今天您有时间的话，我想去拜访您。”

“我没时间，别来了。”

“真的吗？”

“是啊，我有事要做。最近过得好吗？”

“还好，这学期就要毕业了。”

“是吗？那想不想考研呢？”

“这个嘛，我还在考虑。”

“嗯，注意身体健康，替我向你的母亲问好。”

“是，老师。那么我下次再去拜访您吧！”

“你这家伙，等你赚大钱以后再来吧！”

“是，我知道了。您多保重。”

强燮读完高二没有读高三，而是休学一年。强燮妈妈是教育学学士。递交休学申请的时候，强燮妈妈平静地说：“我想让他去美国体验一年。”

“强燮一个人去吗？”

“是。”

到美国后的第6个月的一天，强燮给我寄来一封信，大吐苦水：

“老师，我太累了。没有朋友的我很孤单。我想快点儿回韩国，可是还有6个月……”

本来按照强燮妈妈的说法，这是一次积累经验的好机会，但看到孤军奋战的强燮，我很着急。不过3个月后，强燮又寄来一封信，内容与之前的完全不同：

“老师，最近真是太有趣了，不过我只有3个月的时间了。我想继续待在这儿，可是我必须得回韩国，是吧？”

一年之后强燮回到韩国，并且重新开始上学。

“强燮啊，你之前不是说在美国的生活很辛苦吗？怎么在几个月的时间里就不这么想了呢？”

“因为没法用英语交流，我很痛苦。我说的话别人听不懂。6个月以后，我只有数学课还能适应。美国的数学，太简单了。朋友们都称我是天才，这让我觉得自己简直真是个天才了。”

“哈哈，是吗？你高一的时候是不是第10名？”

“差不多15名吧！”

“这样啊。看来美国的课业很简单，我们国家的教科书相对来说有点儿难。”

“老师，还有，我以后想学美术专业。”

“美术？你美术很好吗？”

“在韩国的时候一般，因为很多人都画得很好，所以我一直以为我没有这方面的天分。”

“可是呢？”

“在美国画画的时候，那里的美术老师看到我的画一直赞不绝口。在韩国的时候，老师只会指出你哪里画得不对，所以在美国受到表扬我心情特别好。”

“真是越听心情越好吧？”

强燮高中毕业后按照自己的意愿选择了美术专业。

强燮的事例向我们说明了“发现并鼓励人的长处”的重要性。

没有坏孩子，只有不会引导的父母

每个人都有长处。父母不必担心找不到孩子的长处，等时机到来，孩子的长处自然会“发芽”，父母只需不断地支持、勉励和称赞孩子就可以。父母也不必苦恼该支持、勉励和称赞孩子的哪个方面，对孩子的真实面貌给予正面肯定就可以。“孩子有很多缺点”这一想法，实际上是一种误解。

父母对孩子性格的问题非常容易产生误解，认为内向的性格不好，外向的性格好，因此试图引导孩子改变性格，但这其实是一种特别盲目的行为。这样的观点和做法会**伤害到孩子的自尊心，妨碍孩子的健康成长。**

人的所有特质都具有“好和坏”两方面，其中需要我们特别关注的是好的一面。听别人的话是善解人意，不听别人的话是有主见；争强好胜为人生注满能量，与世无争说明很淡然；喜欢跑是行动迅速，喜欢慢慢走意味着安全；说话快说明脑子转得快，说话慢说明想得周全；守约意味着值得信任，不守约意味着不受束缚；总骂人意味着直率，不爱骂人是有修养。

孩子行为的发展方向取决于父母对其行为的解释和引导。如果将内心软弱视为心灵美，则孩子的心灵就是美的；如果将其视为懦弱，则孩子就会懦弱。不只是孩子，如果大人一直被

正面鼓励和肯定的话，他也会慢慢地向好的方向转变。

几年前，我参加过一个同好会[①]，会员里有一个 40 多岁的中年未婚男人。他的个子很高，稍微不顺心就会骂人，所以很多人都讨厌他。

“那个人是不是嘴上带着抹布啊，怎么一出口就是脏话呢？”

虽然大家背后对他的议论偶尔也会传到他耳朵里，但他依旧我行我素。一天，终于有人忍不住劝他：“大哥，你能不能少说些脏话呢？这样太不好了！”

周围的人纷纷点头赞同。这人似乎有点儿不好意思，脸变红了。这时，我出来为他辩护：“可能是性格太直率了吧，实际上他心里一点儿都不小气呢！大家也都已经习惯了吧，我感觉没什么不好。”

几个月后，我突然发现他说脏话的次数减少了，其他人也发现了他的这一变化。

“是不是那时被当众指责后就想要改变了呢？”

对于我的疑问，他摇头道：“这种话我以前听多了，也没想

① 拥有相同的兴趣爱好的人自发组成的一种民间团体。

过要改变。不过，当听到老师您的话后，我不自觉地减少了说脏话的次数。老师您不是不说脏话嘛。因为老师您理解我，所以我不想再受别人的指责了。”

“不是这样，我经常在心里骂人，其实这样更没礼貌。难道表面上装作若无其事，内心骂人，别人会不知道吗？不是的，对方肯定能从我们的举止察觉到我们的内心。所以有什么事情最好不要放在心里，而是要坦率地说出来。不过表达的时候应该注意方式，防止伤害到对方。”

正面鼓励让孩子充满自信

也许大家都有过和我一样的经历：父母常常拿其他孩子与自己做比较。与其将孩子与他人做比较，不如给孩子包容和肯定。父母这样做能提高孩子的自尊，使孩子更加健康地成长。

土壤中空隙所占的比例叫空隙率。例如，将水倒入一个 100 毫升盛满沙子的容器中，如果总共能倒入 30 毫升水，那么沙子的空隙率就是 30%。

分别将水倒入装满大球的桶和装满小球的桶，哪一个桶中能装更多的水呢？

装满大球的桶

装满小球的桶

小球和大球混合的桶

答案是“一样多”。因为大球体积虽大，但装在桶里的个数少；小球体积虽小，但装在桶里的个数多。那么既有大球又有小球的桶呢？这时，由于大球之间的空隙被小球填满，所以能倒入的水量会减少。

水量过多的土壤不结实，因此在建造堤坝和房屋时使用的混凝土，是在水泥里适当掺杂些石子、沙子、黏土，再添加水制作而成的。我们的这个社会也因为有各种才能、各种性格的人才愈加“坚固”的。

个人的独特性有其自身的价值，能为维持这个社会做出贡献。

外向或内向，敏感或迟钝，感性或理性，不管哪种性格都是个性的体现，都有其价值。

我认为教育子女最重要的是让孩子意识到“自我的能力”。如果家长一直给孩子正面的鼓励，那么家长会发现自己在教育上愈加游刃有余，孩子也会朝好的方向发展。

自我能力带给人的是“绝对自信”，它与同别人比较而获得的优越感不同。这种优越感如同用沙子堆积的城堡，在暴风雨面前不堪一击。而且人们为了追求优越感，一生都不会停止脚步。一旦优越感无法维持，人们很容易陷入自卑的情绪之中。

内心充满自信的孩子，人生会一帆风顺。自信的孩子不会与任何人比较，他们会尽情挖掘自身的潜力，努力实现自我。怎样才算实现自我没有明确的标准，因为享受随风吹动的航行，本身就是一种自我实现。

八

普通孩子也是优秀的

如果想激发孩子的学习动机，父母和老师就应该向孩子展现通过学习得到的珍贵东西。每一对父母都有珍贵的东西，跟名誉、地位和权力无关，它是“深爱着家人的生活”。

“人们都说每个人都有自己的长处，可我的长处是什么呢？好像怎么找都找不到。学习、运动、外貌……没有一样出众的，平凡至极的我……一点儿动力都没有，做什么事都觉得好烦、好无聊。和朋友一起玩感觉没意思，上网也没意思，甚至连发呆都觉得没意思。今天也和昨天一样什么事都没做，很烦躁，可能考上大学以后就会好吧！可是我一直以来都没有认真学习过，我真是太让人寒心了。”

秉善是一名高一的学生，那天我接到秉善妈妈的电话：“请帮帮我的孩子吧，现在她整天无精打采的，我都快急死了！”

“您认为是什么导致的呢？”

“这个嘛，我也不知道，因为她就是个普通的孩子……”

“那么最近有没有发生什么异样的事情呢？”

“没有。”

突然袭来的倦怠、犹豫、无精打采是很难克服的。

“秉善啊，你最近经常想些什么呢？”

“没什么……我好像什么都没想。”

“这就不对啦。我们的大脑就像一个不停运作的工厂，是不会停止思考的。”

秉善想了想说道：“空想……以及担心……”

“具体是什么，能说说吗？”

“就是各种各样的……”

我对秉善说道：“想象一下，如果明天早上睁开眼睛后有奇迹发生，你希望有哪些奇迹呢？”

“奇迹？”

“嗯，奇迹出现的话，你所期望的事情都会发生。”

“是……”

秉善想了一会儿。

“好，早上醒来有什么不一样了呢？”

“功课很好，会唱歌，会跳舞……我成为这样的人了。”

“万能女演员……要是真那样就好了！”

秉善认为，因为自己能力不够，才会在现实中受挫。

“你因为自己太平凡所以很不满足吗？”

秉善点了点头。

“你知道要维持平凡的水平有多不容易吗？”

秉善露出疑惑的神情。

“学习、运动、才艺、健康……平凡就是所有能力和条件都处在中间位置，对吧？”

“是。”

“好。我们假设所有的事情都分为上、中、下三种情况，那么成绩获得‘中’以上的概率是多少呢？”

“1/3……不对，是 2/3。”

“对。成绩可以是‘中’和‘上’，所以是 2/3。”

“那么运动能力获得‘中’以上的概率也是 2/3 吧？”

“是。”

“那么学习、运动、才艺、健康这 4 科全部都是‘中’以上的概率又是多少呢？”

“啊？”

“将4个2/3相乘就是16/81，按照百分比算的话大概是19.7%。”

“19.7%的话，就是说100人中大约有20人吧？”

“是的。现在理解了吗？你是前20人中的一员。这是中等水平，知道了吗？”

秉善新奇地自言自语道：“这么平凡的我……竟然属于前20名？”

我又说道：“是啊。学习、运动、性格等所有方面都出众的人只有几十万分之一甚至几百万分之一。如果你因为这个而郁闷，就相当于因为没有中彩票的头等奖而不高兴呢。”

“听老师这么一说，我好像有种能进入前10%的感觉呢。”

“你的感觉是对的。如果把中等看作是1/2，这个数值会更小呢。”

“好。嘿嘿。”

“我拿起铅笔的时候，会觉得用圆珠笔更好；用圆珠笔的时候，看到其他东西又会拿起其他东西……时间就这么浪费了。打开书的时候，我会想喝水，喝完水又想上厕所。看书的时候，我会想应该去买参考书……我不知道我在想什么、我想做什么，为什么会这样？我很郁闷。”

我点了点头说：“我有时候也不知道是我主导了想法，还是想法主导了我。”

秉善说道：“对啊！真的是这样。我感觉是想法在牵着我的鼻子走。”

“我听过相关的报道，说人一般每天会有千万个杂念。这些想法不受意志控制，会自己冒出来。”

“啊……”

“如果没人妨碍你的话，你坐在书桌旁能集中精力学习多长时间？”

“20分钟……差不多是这么长时间。”

“20分钟吗？还不错。”

“这样也称得上不错吗？”

坐在椅子上的秉善有些激动地将身体向前倾过来。

“你知道ADHD[①]吗？”

“听说过，但不知道是什么。”

“ADHD是注意力缺陷多动障碍，严重的话注意力很难维持10秒钟。”

① ADHD（Attention-Deficit Hyperactivity Disorder）：注意力缺陷多动障碍，俗称多动症。其多出现在儿童期，表现为精神集中困难、注意力涣散、活动量过多等。

“真的吗？”

“是啊。据统计，有些地区 30% 的青少年都患有 ADHD。”

“那么……这种病没法治好吗？”

“那倒不是。随着大脑的发育，这种症状可能不会一直持续。一般随着年龄的增长，这种症状就会好转，但要配合训练和努力才行。”

秉善不放心地问道：“老师，我是 ADHD 吗？”

“你不算是……”

听到我的回答，秉善更加好奇了。

“不算是吗？”

“你是在害怕学习，所以是在逃避。”

“害怕吗？难道不是因为懒惰、意志薄弱，所以不能集中精力学习？我一直是这么认为的。”

“懒惰、意志薄弱就是在害怕。”

看到秉善疑惑的表情，我又问道：“有的孩子因为贪玩而成绩不好，有的孩子很努力但成绩也不好。你认为这两种孩子哪种最让人寒心呢？”

“努力却成绩不好的孩子。”

“是啊，就是这样。如果努力了成绩还不好，别人会笑话吧？我们也会感到自责呢。”

“自责？”

“简单说，就是感到丢脸。”

“啊哈，这样啊。”

“因为担心努力了成绩也不好，所以反而不去学习了。”

“好像是这样。由于成绩不好，因此自我安慰说学习不是人生的全部。”

“呀，很不错嘛！秉善很聪明嘛。没有什么是人生的全部，所有的事情都是人生的一部分。”

为了所爱的人而学习

在一个困意绵绵的午后课堂上，我问孩子们：“你们学习是为了谁呢？”

几个孩子回答道：“我自己。”

我摇了摇头说道：“不对，这个答案不对。你们学习是为了将来会爱的人。”

启雄站起来问道：“不是为了现在爱的人吗？”

我反问他：“你现在爱谁？”

“我爱爸爸、妈妈。”

他回答得很有自信。

“真的吗？”

"当然了。"

"虽然父母爱你，但你对父母的爱应该不到父母爱你的四分之一吧？"

"四分之一也是爱啊！"

孩子们认同地说道：

"是啊。"

"是啊。"

原本无聊的上课时间竟然成了爱的大讨论，这让孩子们很兴奋。

"你们中有人能代替父母去死吗？"

没有一个孩子痛快地回答这个问题。

听到诺查丹玛斯预言的时候，我应该正在读高一。

"如果1999年将迎来世界末日，那时我们已经30多岁了，应该算是比较幸运的吧？"

听到朋友们的议论，我也感觉很幸运。那时的我觉得年轻才是人生，老了还有什么乐趣可言。当1999年到来时，我已经结婚并成了两个孩子的爸爸。虽然不再相信什么预言，但我的想法跟以前有了很大的不同。

"世界可不能毁灭。我死了没关系，但我的妻子和孩子比我更重要。”

感觉别人比自己更重要，那就是爱。

“孩子们，好好想想吧。因为父母更爱你们，所以让你们为了自己而学习。你们以后也一定会遇到自己珍惜的人，今天我们学习就是为了将来那个我们爱的人。”

“就算考上一流大学也很难成功，如果成绩不好，以后的生活会很艰难。”

这是大人们为了强调学习的重要性而说的话，不过这样的话反而会使孩子放弃学习。

“我爸爸读过大学，现在是公司的部长，但他每天都说很累。我不是优等生，也就是说我以后会比爸爸过得更差。现在我过得就已经很不幸福了，每天都有特别多的烦心事，那么我的未来岂不是更加惨淡？”

“老师们又如何呢？出身名牌大学的班主任老师看上去也不幸福，每天都感叹教孩子很累。成绩好的人都成了这个样子，我将来会怎么样呢？”

为了生存、为了未来而学习的论调既无法促使孩子努力学习，也不能让孩子拥有梦想。让孩子去效仿成功人士，并不能对现实有任何帮助。

如果想激发孩子的学习动机，父母和老师就应该向孩子展现通过学习得到的珍贵东西。每一对父母都有珍贵的东西，跟名誉、地位和权力无关，它是“深爱着家人的生活”。

在这些孩子毕业后我才得知，当时我对他们讲的这番话对他们有多么深刻的影响。

“为了所爱的人而学习，这种观点让我受到冲击。从那时起，我找到了应该学习的理由。”

“老师，您的这番话一定要对下一届的学生说。‘为了比自己更重要的人学习’，曾经是全校倒数第几的我之所以能成为一名大学生，就是因为老师您说的这些话。”

“我从小就听大人们说考不上名牌大学很难成功，成绩不好人生也会很悲惨。但听了老师您的话以后，我想通过学习寻找到以前未曾体验过的幸福和快乐。”

这句既不精彩又没有深刻哲理的话，为什么能给学生带来这么大的影响呢？也许是因为这句话刺激了青春期孩子们的感性神经和梦想吧！**当动机明确向上的时候，力量就能充分发挥作用。**

九

如何让孩子集中注意力学习

感受不到学习乐趣的学生,最好先挑战短时间的集中学习。从小的成功开始积累,会使长时间的集中学习变得可能。当然,不论是5分钟还是8小时,时间长短就靠学生自己灵活掌握了。

俊宇的妈妈请求我为俊宇做一次咨询。

“我们家俊宇啊,学习比以前更认真了,可成绩反而下降了。”

“您认为为什么会这样呢?”

“他连30分钟都坚持不下来,杂念很多,还经常去洗手间。”

“似乎很讨厌学习的样子吗?”

“是啊。”

“哦,我知道了。对于他成绩下降的事情您不用太过担心。很多学生都会出现成绩突然下降后,过一段时间又升上去的状况；也有一些学生的成绩上上下下一直起伏不定，和股票市场一样。您要相信自己的孩子是绩优股，需要耐心等待。”

我和俊宇面对面坐下。

“听你妈妈说你最近比以前更用功了？”

“是。”

“具体表现在哪些方面呢？”

“以前考试前一天我才努力学习，这次考试我复习了一周以上的时间。”

“嗯……也就是说你提前好几天准备考试，是吧？”

“是，但成绩没有什么提高……有些科目的排名反而下降了。”

“这种事谁都经历过。肯定有很多同学也遇到了这种情况吧？”

俊宇点头道：“反而那些没复习过的人考得很好。”

“是吗？考得好是考了100分吗？”

“那倒没有……”

“嗯，那就是复习几天和没复习的差别并不大。”

突然我想到了那些无论刮风下雨都埋头学习的孩子，在真正吃透一道错题之前解答数十遍的孩子，一页页背诵英语词典的孩子，100天的时间里用完超过100根圆珠笔芯的孩子……

对这些疯狂沉浸在学习中的孩子来说，他们唯一不满意的应该是每天的时间都不够用吧。

俊宇问我："老师，为什么会这样呢？"

"什么？"

"我这么努力复习，成绩不仅没有提高反而下降了……"

"啊，这个问题啊，不好意思。"

我以围棋为例向他解释。

"你知道什么是妙手吗？"

"妙手？很厉害的一步棋？"

"是，走得非常厉害的一步棋就是妙手。有个人连续学习了好几天的妙手集锦，然后他决定和实力相当的朋友下一盘围棋。由于对妙手很熟悉，所以他很有信心会赢朋友。你觉得谁会赢呢？"

"这个人会输吧！"

"为什么？"

"就是，感觉……"

我点了点头。

"是啊，他下得比平时还要糟糕，输掉了比赛。"

"为什么？"

"因为他太执着于下妙手，没有注意全局，所以失败了。"

“学校的考试也跟围棋一样吗？”

“是，因为老想着考试题会从自己看过的参考书或习题集中出，所以你的思考范围变小了。解题也需要从大局出发才能解出来，执着于单词或数值反而会妨碍你做题。而如果考前没有复习，考试时只能一边回想上课的内容，一边靠理解做题了。这种情况下反而会考出好成绩。”

“啊！原来是这样啊。”

“什么原来是这样？”

“突击学习一天能得80分，所以我以为突击学习两天可以考100分，原来不是这样的。”

“‘临阵磨枪’只是短期记忆的一种，它不过是为考试而采取的突击学习。如同电脑的RAM（Random-Access Memory，随机存储器），电脑关机后RAM中的资料会消失，短期记忆也会消失。而学习内容应该作为长期记忆储存在大脑中，为此我们应该反复学习。”

“反复学习？”

“嗯，应该像背熟九九乘法口诀一样，反复去看，反复去解题。”

“反复学习有必要吗？已经知道的东西没有必要再去学了吧？”

“不是这样的。与不知道怎么做的题目相比，我们想不起来的已经做过的题目更多吧？这是因为我们对知识的记忆正在消失。”

“反复学习能防止遗忘吗？”

“有时间的时候，你可以去网上搜一搜‘艾宾浩斯遗忘曲线’。记忆在一小时后会遗忘50%，一天后遗忘70%，所以为了防止遗忘，我们只能去复习。”

“啊！最终要成为学习的奴隶啊！”

“学习如同吃饭一样，是我们生活中不可或缺的部分。当享受到学习的乐趣时，你就不会感觉自己是奴隶了。”

“有没有方法让我不厌恶学习呢？”

“你集中精力去学习5分钟。”

“什么？5分钟吗？5分钟的时间能做什么啊？”

“只有学会怎么在5分钟的时间内集中精力，你才会有埋头学习的能力。人们学习的时候，注意力往往连5分钟的时间都集中不了，而是在书桌旁胡思乱想。”

我从书橱中拿出一本与升学有关的书，打开后放在俊宇面前。

“你现在读打开的这一页，一个字都不能漏掉，我给你计时。不用大声读，自己小声读就可以，不过一个字都不能落下，知道了吗？”

俊宇按照我说的去做了。

“学习环境，到底什么是好的学习环境呢？……现在知道改变坏的学习环境有多么重要了吧？……妨碍学习的三大因素是电视、电脑和智能手机……只要管理得法，你的成绩就会提高！”

俊宇读完一页时，我打断他并说道：“你这一页读了3分10秒。读的时候你胡思乱想了吗？”

“因为要读书，所以没法想别的。”

“平时你读一页教科书或参考书上的内容需要几分钟呢？”

“好像要20分钟以上。”

“但是现在你只花了3分10秒的时间。你之所以没有想别的，是因为你为了遵守一个字都不漏掉的要求而专心看书。”

“啊，是吗？”

“学习的方式可能会因人而异，因内容而异。慢慢地精读是很有效的学习方式，或者先快速读一遍再慢慢读，效果也很好。杂念太多时，这种学习方式最好。”

等待一个人的时候，会觉得5分钟特别漫长，时间超过5分钟就会烦躁不安。学习也是这样。要将精力放在毫无乐趣可言的学习上，就算5分钟也需要很大的耐心。5分钟的时间，可以煮好一份拉面，在足球游戏中可以进两球。我们可以像玩游戏一样，以5分钟为单位埋头学习，来确认自己注意力的集中程度。

在外面等待俊宇的正浩推开门走了进来。

“还没结束吗？”

“正浩啊，你来得正好。你也过来坐下。”

“什么，我？我也一起吗？”

正浩挠了挠头，坐了下来。

“正浩啊，你也讨厌学习吗？”

“啊，没有。”

一提到学习的话题，正浩就开始装模作样了。

“真的不讨厌学习吗？”

“学习倒不讨厌，我比较讨厌来学校。嘿嘿。”

我指责他：“三天才来一次学校，为什么会讨厌？”

“老师！我从没逃过课，每天都来学校。您的在校时间是怎么安排的啊？”

24小时并不短。24小时，我们在首尔吃早饭，在釜山吃午饭，在东京吃晚饭都绰绰有余。那么，为什么一天会被分为24小时呢？科学上的一天，指的是太阳在同一地点出现两次的时间。这样的时间分割在农耕时期是合理的，但不符合现代人的生活节奏。

我将24小时分成3天来过，每天8小时。早上8点到下午4点是“学校的一天”，下午4点到晚上12点是“交流的一天”，晚上12点到早上8点是“冥想和休息的一天”。

将一天分为3天需要冷静和热情。

"学校的一天"，我只专心学校的工作和活动，也就是只专心做"现在—这里"能做的事情。和孩子们一起学习、咨询、参加会议、编订教材、评分、处理行政事务。而做这些事情的时间只有8小时而已。

"交流的一天"从下午4点开始。下午4点是我结束一切工作，走出学校的时间。虽然有时候因为会议和晚自习下班会晚些，但大部分情况下，我会见见朋友，参加同好会的聚会，和妻女一起看电影等。有时候，我会进行其中的两三个活动，即便这样，8小时的时间仍然很长。

晚上12点开始就是"冥想和休息的一天"。我很少在这个时间段马上躺到床上休息，睡前我会看一本书、写点儿文章或看看夜晚的星空。我一般睡四五小时。早上再忙我也会用温水洗澡，一天就这么开始了。

俊宇和正浩听完我8小时的一天不住地点头。

俊宇说道："如果像老师这样生活的话，我们好像真的是三天来一次学校。"

"是啊，三天来一次学校。"

正浩自言自语道："'学校的一天'来学校就行，'交流的一天'和谁一起玩呢……"

听到正浩的话，俊宇和我都笑了。

“呵呵，你这家伙。你是学生，所以‘交流的一天’肯定会跟我不同，怎么整天只想着玩呢！哎呀……”

正浩反驳道：“‘交流的一天’当然要交流了。学习在‘学校的一天’那8小时里学就可以了。”

我点了点头。

“是，和人的相处也是件重要的事情，不过你们可以把这个时间往后推到你们考上好的大学后再实行。你们可以把这天命名为‘向上的一天’，进行自主学习。”

正浩叹了口气道：“又是学习？”

“不用纠结，你总有自己想要学习的那天，你可以把那天当作‘向上的一天’，看看自己想看的书。这样一来你以后肯定还会想学习的。”

感受不到学习乐趣的学生，最好先挑战短时间的集中学习。从小的成功开始积累，会使长时间的集中学习变得可能。当然不论是5分钟还是8小时，时间长短就靠学生自己灵活掌握了。

家长的强迫并不能让孩子专注学习

在大学学习咨询学的教师们一起接受咨询训练时，某初中的金老师说道：“我的孩子喜欢看电视。妻子告诉我，我在家的时候他就坐在书桌旁学习，等我出去他就跑去打开电视机。感觉不能再这样继续下去的我，想要制止孩子。我训斥了他，然后当着他的面，用剪刀剪掉了电视机的插头。”

“那么有效果吗？”

金老师摇了摇头。“没有，没有任何效果。反而是我和妻子忍受不了没电视的日子又将插头重新连上了，因为太无聊了。”

周围的人都笑了起来。

电视、电脑、智能手机等与家庭日常生活密切相关的电子产品，很多时候也会妨碍学生的学习。现在，我的手机正“嗡嗡”地提示有新短信，妨碍我的写作。

妨碍学习的不仅是这三种电子产品。和朋友一起在大街游荡、喝酒、吸烟、沉迷于宗教或社区活动、恋爱等，都会成为学习的障碍。

然而这些事情都是我们生活中的一部分，即便是对子女具有监护权的父母也**不能强制压迫子女，因为这样做稍有不慎便会产生副作用**。因为孩子胖，就几天不给孩子饭吃。对于父母这样的行为，有几个子女会说“谢谢”，然后温顺地服从呢？现在的孩子把手机看得比吃饭还重要。

自由的孩子自有节制

小女儿上小学的时候，我曾带她去过网吧。看到几十台电脑，她感到十分新奇。

“哇，这里有好多电脑。”

我教会她网吧电脑的使用方法，然后决定各自玩各自的游戏。网吧里有小学生、初中生、高中生、大学生、大叔等各个年龄层的人。身为大叔的我打开电脑后开始玩《星际争霸》，玩游戏的过程中有时候会挨骂：“笨蛋，这都不会！”被孩子们骂的时候虽然心情很不好，但骂回去的话，最后还是我吃亏，所以我会回答对方“对不起”，于是对方也会安静下来。

当我玩得正开心时，小女儿问我：“爸爸，什么时候回家啊？”

“怎么了？好不容易来了，再玩会儿吧。”

“爸爸，妈妈让今天早回家的。”

“啊……我还想再玩会儿……”

“爸爸，我吃完晚饭要去钢琴学校。”

“是吗？那我们赶快走吧！”

对女儿来说，网吧是随时都可以来的地方，因此孩子反而劝说我离开这里。如果父母告诉孩子网吧不是个好地方，绝对不能来的话，那么总有一天孩子会发现父母说了谎话。在网吧花 1000 韩元（约合 6 元人民币）就能尽情玩一小时高配置的电脑，与其害怕孩子太喜欢网吧而说谎话，不如给孩子来网吧体验的机会更加明智。不要以“考试没考好不能去”或者“快考试了不能去”等理由阻止孩子。

韩国有句俗语：“肉铺店掌柜的儿子讨厌吃肉。”因为随时可以吃到，所以就不会对肉恋恋不舍。同样，**不用各种条件束缚孩子，孩子自己就会节制**。最大限度发挥孩子自我价值的方法是“自由”，在自由中，孩子会寻找并发挥自我潜在的能力。

十

兴趣是最强的学习动机

为了生存，为了安全，为了尊重，这些理由都只会让学习变得无趣。父母能给予孩子的唯一帮助就是让孩子对学习本身感兴趣，不要为学习附加条件或压力，只需为子女提供一个利于学习的环境。

对学习有热情，但无法取得期待的成绩时，孩子会产生强烈的落差。“啊，这是我的极限了吗？”在挫败感的影响下，孩子可能会失去进取心。这种现象之所以会发生，是因为孩子没有把学习当作目的，而是将其当成了一种手段。也就是说，为了获得父母的认可和老师的称赞，或者为了升学和成功而学习。“对学习的热情”和“对成功的渴望”无疑是不同的。

当一个人内心充满对成功的渴望时，将无法发挥自己的最大潜力。**最大的潜力只有当我们在做真正喜欢的事情时才会顺利发挥出来。**

在K-Pop（Korea-Pop，源自韩国的一种流行音乐）歌手的舞台上，那些导师级人物对这一点深有体会。

“请尽情享受这个舞台吧，太想成功反而会搞砸。”

当然做到这一点很难，因为紧张的时候根本无法尽情享受。

允赫是大家公认的“用功”学生。他在教科书和参考书上都密密麻麻地标注了各种解释和备注，并且每天都在做笔记。遇到不懂的内容，他会去办公室找老师解疑。不过，我很少看到他因为理解了不懂的知识而高兴的样子。

“已经会的知识不重要，重要的是还有很多不会的知识。”

允赫没时间交朋友，因为休息时间他也在忙着做笔记。其他人在背后叽叽喳喳的时候，他也总是当作没听见。不过即使允赫这么努力，他的成绩在全年级也一直处在三四十名的样子，并没有提高。

做笔记是一种习惯性的学习方式。做笔记不是有效的学习，而是为了填满大脑空白的一种强迫式的学习。在白纸上写满黑字能记住什么呢？笔记反而是想要忘记什么东西时用到的方法，因为其中利用了枯燥的重复会使感官迟钝的心理法则。

在我看来，理解了不懂的知识也丝毫没有感到高兴的允赫被成功的渴望迷惑了。他说考上Y大学是他从小树立的理想。

“为什么小时候会梦想去Y大学呢？选择Y大学的原因是什么呢？”

有很多学生都被父母强加上了自己的价值观和梦想，允赫便是其中的一员。

然而允赫却没能实现去Y大学的梦想，他被首尔市一所中上水平的大学录取了。在毕业典礼上，允赫的家人除了妈妈来了一会儿外，其他人都没有来。似乎允赫的家人对这个结果很不满意。

没有朋友，没有娱乐，得到的结果是什么呢？一个认识允赫的家长说道：“不过他也考上了一所不错的大学嘛。如果一直玩的话可能连这个学校都考不上。我看这也算是一种成功吧！”

“啊，这样想也是。呵呵。”

我干笑了两声。

自我实现的需求是最有效的学习动机

学习是实现人类欲望的一个过程。根据马斯洛的需求层次理论，人的需求是有顺序和层次的。我们可以将需求层次理论与学习动机结合起来。

孩子一个人在家时肚子饿了，他从厨房里找出一袋方便面。

“方便面？这个要怎么煮呢？”

因为孩子识字，所以能看懂说明。“把水倒在锅中，水烧开后放入面和调味包……啊哈！”

这种情况，学习的动机就在于“生理需求”。生理需求是人类对空气、水、食物、睡眠、休息等维持有机体的基本要素的需求。

妈妈在训斥孩子：“不是让你做10页题吗？你怎么只做了不到1页，就顾着玩呢？你要受罚才能听话吗？”

“我错了！下次不会这样了。”

孩子硬着头皮开始学习。

因为害怕被妈妈骂而学习，可以说这是对安全感的需求，即“安全需求”。追求安全是生命体的本能，可能被父母排斥的不安感使孩子服从父母。父母向孩子传达的不好好学习就不能成功、会成为失败者的信息也让孩子感到不安。

“好好学习才能考上好学校。”

“我太喜欢语文老师了，所以要好好学习语文。”

这两种情况中的学习动机与“爱和归属的需求”有关。归属的需求强烈时，会表现为突出的对爱的需求。因为喜欢家教姐姐或哥哥而努力学习，或者想在异性朋友面前好好表现而努力学习的孩子，都是在情感和归属上有所需求。

“等着瞧吧。我竟然没得第一名，太生气了！”

竞争心强的孩子往往因“尊重的需求”而学习。马斯洛将尊重的需求分为“向往独立自主和自由的需求”和“获取地位和名誉的需求”两类。

生理需求、安全需求、爱和归属的需求、尊重的需求这四种需求都有其局限性和危险性。

因生理需求而出现的学习动机，当生理需求得到满足后，进取心就会消失。当学会煮面的方法，填饱肚子之后，就会感觉洗碗很麻烦，然后把用过的锅碗堆在一起。等到锅碗上爬满虫子、散发出难闻的味道后，无可奈何之下才有可能去洗碗。这是因为产生了新的生理需求。生理需求是低层次的需求，虽然强烈，但没有持续性。

安全需求表现为本能的不安和忧虑。如果曾经有过烫伤、高处坠落、生病的经历，安全需求就会变高。马斯洛认为，安全需求高最为明显的一个表现是强迫症。强迫症与学习动机相联系，并不是值得提倡的。父母担心孩子的未来，大部分掺杂着安全需求，也就是通过工作、储蓄、节约等方式，来实现“不在经济社会中落后于他人，不会出现经济紧张现象”。

尊重的需求比生理需求、安全需求、爱和归属的需求在一定程度上要高一层。出生在富裕家庭、无忧无虑长大的孩子对学习感兴趣，就是这一需求在起作用。尊重的需求也可以看成是对名誉、权利的需求。不过这种需求没有得到满足也是导致心理障碍的主要原因。拥有强烈的尊重需求的孩子，在失败后会备感受挫，赢了后会寻找下一个对手。

“我想成为文学家，歌唱爱和梦想。”

通过文学歌唱爱和梦想这件事对孩子来说是很愉快的，因此可以推断是自我实现的需求在起作用。自我实现的需求与其他动机有着本质的区别。马斯洛将自我实现的需求称为“超越性需求（Meta Needs）”，也就是超越性的动机。它不是补偿所缺失的动机，超越性的需求追求真、善、美、愉快、独特、单纯、独立、自然，这些目标只是听听就能让人感到幸福。自我实现的动机就是“喜欢、有趣、愉悦”。

如果发自内心地喜欢学习和工作，就可以发挥更大的潜能。这种潜能毫无疑问地取决于我们自身。

自由和专注成就天才

近几年，韩国的天才层出不穷。运动天才、围棋天才、表演天才、歌唱天才、游戏天才、电脑天才……是不是这几十年来具有特殊才能的孩子比过去多了呢？但这种判断缺乏科学性，因为基因是不会轻易改变的。真正使天才增多的原因，在于尊重孩子自发性和创意性的教育的发展。因为所有孩子都具有成为天才的潜力。

我小时候特别喜欢昆虫等小动物。蠼螋会用夹子将自己的脑袋剪下来；蚂蚁可以排成队往上爬；毛毛虫咬不到蚂蚁；8只蚂蚁可以抬起一只金龟子；大蜘蛛不如小蜘蛛擅长打架；大雨来之前蚂蚁会提前知道并搬家；台风来之前，蜻蜓会集结成群找避难的地方；蚯蚓会被溺死；青蛙不会打喷嚏，但会一口吃下别的青蛙；太阳落山时的蜻蜓因为打盹会摇晃着飞翔……这些事情都是我和这些小动物一起“玩耍”的时候了解到的，这些回忆我将终生难忘。

如果父母一直放任我这么和昆虫玩下去，也许我现在已经是一名昆虫学博士了。我为了学习自己并不关心的知识不知道浪费了多少时间：历史知识我现在只记得1882年的壬午兵变和1884年的甲申政变，曾经背了很多遍的英语单词现在已经忘了一大半，数学除了运算法则其余都忘记了。我现在之所以能记得1882年和1884年的那些大事件，是因为当时我因没有记下来而被老师用教学棒打了额头。但这并不代表我们的这种学习方式毫无意义，毕竟我们学到的知识中有一部分转化成智慧，变成了我们的一部分。我感叹的是我们没有开发出一种更有效率的学习方式。

学习能力可以说是大脑的信息处理能力。人类的大脑能在瞬间经由复杂的程序处理信息，但这并不意味着大脑可以同时处理许多信息。人们在听没有意义的数字时，一般只能连续记住 7 个，因此就算是刚刚听过的 8 位数的电话号码，也常常记不下来。

通过五官获得的信息几乎是无限的，但大脑会从中进行筛选。大脑选择的信息一般是新鲜奇特、引人注意的。学生对英语老师的语法说明一点儿都不好奇，反而对老师新穿的红裙子特别感兴趣。红色！是的，颜色能引发学生去联想其他的事物。

我 6~9 岁的记忆至今仍十分清晰，现在还记得那时发生在我家的大部分事情。几年前，我把我的这些记忆用笔写了下来，数量多得可以写一本书了。我为什么一直有那个时候的记忆呢？大概是因为在那个时期我最无忧无虑吧。那时，我整天都和昆虫一起玩，没有人来干涉我，除了外婆偶尔会在远处看着我（没有任何妨碍）。所以，我至今还记得菜青虫柔软的皮肤，像天鹅绒一样光滑的蝼蛄的肚皮，毛毛虫粗糙的四肢，蜻蜓透明的翅膀……偶尔我还会想起随风飞舞的蒲公英、毛茸茸的狗尾巴草，还有那潺潺的流水。

孩子具有好奇心和创意性。自闭症儿童的一个特点是重复同样的话和行为，这被称为“相同行为”。然而严格来讲，相同的行为是不存在的。重复相同的行为也会有着时间、地点、结果的不同。例如，有的孩子只关心球形物体，对其他事物毫不关心，那么大人就会担心他是否会患上自闭症。但是没有人会把孩子的这种行为认为是无意义的，也许孩子是在通过一遍遍画球来找出球的运动轨迹。

学者症候群（Savant Syndrome）指的是具有和自闭症一样的认知障碍的儿童，他们在某一方面却有着非凡的才能。例如，可以背诵千本书，计算速度比计算器还要快，看到什么就能像复印一样画出来，可以演奏之前没学过的莫扎特的曲子，等等，这些被认为是专注集中某一个领域所引发的现象。

正常人不能像自闭症患者一样脑部高度集中，是因为有很多妨碍脑部集中的事情。担忧、不安、焦急、紧张、恐惧等成为脑部高度集中的绊脚石。研究结果表明，当主管负面情绪的大脑部位活跃时，参与学习的脑部活动会减弱。因此，**在没有任何负担的、最自由的状态下，我们才会达到学习的最佳状态。**大脑最自由的时候，心情会最舒适，创意的想法也会多如泉涌。

学校操场对面有一所女子高中，那所学校里有一棵高大的红杉，在树的最顶端有一个喜鹊窝。几年前，不知道从哪儿飞来一只喜鹊，它叼来上百根树枝搭建了这个窝。虽然鸟窝经常随风晃动，但即使台风来袭这个鸟窝也没有损坏，不得不让人感叹。

“喜鹊好像都是建筑天才，而身为灵长类的我们应该也是天才吧！”

孩子们对这个话题很感兴趣。

“妈妈说我是呆熊。因为我太笨了，所以她很担心我。”

这个孩子话一出口，其他孩子都嘻嘻笑了起来。

我说道：“呆熊吗？熊虽然看上去笨笨的，但这是错觉呢！熊也是天才哦。你见过有人能用双手在河边抓鱼吗？父母说你呆，是为了鼓励你奋发呢！”

孩子听完开心地笑了起来。

给孩子自由，他才会快乐地学习

有什么方法可以让孩子充分发挥自己的才能呢？我的意见是“最大程度的自由”。父母不必担心给孩子太多的自由会让他飞走。

重要的是孩子的想法。由于孩子的心理弹性不同，所以在统一的管制下不同的孩子有可能做出不同的反应。也就是说，有的孩子会将其视为关心，有的孩子则会视其为强迫。独立性渐渐增强的青春期的孩子们，多数会将父母的管教视为强迫。这时，父母指责孩子“你怎么看每件事都这么消极呢”并不明智。如果父母这面镜子是消极的，那么站在镜子前的孩子也会只看见事情消极的一面。

自由给人们提供了探索人类和社会的机会。这个不行那个也不行，这样的管制会让孩子恐惧人类和社会。**恐惧和压力会降低大脑的活跃性，影响能力的发挥。**

我和妻子在抚养两个女儿的过程中，为了给予她们最大的自由，费尽了心思。但我和妻子仍服从社会的法则，因此我们所能给予孩子的自由实际上是有限的。再加上在养育过程中，有孩子祖父母的插手，以及学校的规章制度的限制，孩子其实并没有太多自由。我深知不管给孩子多少自由，也只是将鱼放在渔场中，因此我能够放心地放任孩子。

幸好我的孩子具有不轻易屈服、适应性强的生活态度。她们努力学习，用心和朋友玩耍，娱乐活动、志愿活动也都尽力去做，而且还备受人们的喜爱。有时候，她们也会和态度蛮横的人形成敌对关系，但这也是无法避免的。

学习最强的动机是快乐。只有把学习本身视为目的才能在学习中获得快乐。为了生存、为了安全、为了尊重，这些目的都只会让学习变得无趣。父母能给予孩子的唯一帮助就是让孩子对学习本身感兴趣，不要为学习附加条件或压力，只需为子女提供一个可以学习的环境。

十一

上大学并非孩子成才的唯一选择

不论是“乌龟”还是“兔子”，最终都能达成学习的目标，就像每个人都能学会走路一样。当孩子感到学习吃力的时候，家长应该鼓励孩子，让孩子对自己充满信心。

一堆孩子聚在闵老师的电脑旁边。听着“嗒嗒”点击鼠标的声音，孩子们紧张地吞着口水。

“啊……拜托！”

“一定让我考上。”

“神明保佑，神明保佑。”

不一会儿合格者名单打开了，闵老师开始读名单上的名字。

“金××，合格！”

“啊！哈哈。”

“文 ××，不合格！”

“真的不合格吗？呜呜。”

“郑 ××，合格！”

“哦！谢谢，谢谢！”

这应该就是喜悦的表情吧！孩子们嘴巴不自觉地咧开，眼睛和鼻孔放大，就好像得到整个世界一样高兴。不知道的人看到这个场景，也许会误以为孩子考上的是首尔大学。实际上，这些是通过高三职业教育选拔考试的孩子。

“祝贺你！太好了。”

“哎呀，太强了。真的！”

面对咨询办公室老师们的祝贺，孩子们都高兴地回以“谢谢，谢谢”。这时，看上去很坚强的永哲哭了起来。看到与他的大身板儿一点儿都不和谐的眼泪，大家都很惊讶。

“没能去成职业班就这么伤心吗？”

职业委托教育指的是，为高中毕业后以就业为目标的高三学生提供的为期一年的职业技术教育。如果通过职业教育选拔考试，就会进入职业班，除了周一的时候回母校上课外，其余时间都在产业信息学校或技术学院接受职业技术教育。职业委托教育的门类多样，不仅有汽车、计算机、航空、室内设计、美容、烹饪，还有实用音乐和游戏职业玩家等教育课程。考试评定的标准不是学生的语数外成绩，而是专业课成绩及面试分数。

几年前人们还认为职业委托教育是那些讨厌学习或考不上大学的学生不得不选择的道路，但最近越来越多的人发现，那些接受职业委托教育并取得技术资格证的学生不仅顺利就业，而且成功地开启了人生的新天地。

在接受职业委托教育的学生身上，我发现他们最大的变化是对生活拥有更多的希望和自信心的提升，而且对于自己以学生的身份接受职业教育这件事，表现得十分谦虚和感恩，似乎对家人和学校的感情也更深了。最早发现这些变化的是后辈们。后辈们发现原本颓废的前辈们脸上开始出现光彩，因此志愿接受职业教育的学生越来越多，竞争也日趋激烈。

在我们学校志愿接受职业委托教育的学生占学生总数的15%，被录取的学生大约占10%。首尔市和首尔教育厅每年大约选拔3000名职业委托教育生，由此可见这项举措是很成功的。在首尔市教育厅直属学校上课的学生，并不需另外缴纳职业委托教育费，只需和其他学生一样统一向母校缴纳学费即可。当然，像面点师这种需要去实习的情况，学生要自己支付交通费。然而在其他地方，学生既要向母校交纳学费，也要向教育厅交纳职业教育费，这是明显的双重交费。学生只有每周一在学校上课，所以我认为学校至少应该返还学生4/5的学费。

咨询室里，希谨爸爸为了希谨职业委托教育的事情正和负责这件事的闵老师面谈。希谨通过了职业委托教育考试，成为首尔产业信息学校的一名学生。闵老师看到我，露出为难的表情。

“怎么了？有什么问题吗？”

闵老师回答道：“希谨爸爸想要希谨放弃职业委托教育，他不同意希谨上职业教育学校。”

“委托志愿书上不是已经盖上父母的图章了吗？”

“希谨妈妈同意了，爸爸似乎一直不知情。”

希谨爸爸走过来向我问好。

“您想让希谨放弃职业教育吗？”

“是，我想让他读大学。”

“就算接受了职业委托教育也能上大学。”

“高三要准备高考，他的成绩本来就不好，如果再去上职业教育课，怎么能考上大学呢？”

“我知道上完职业教育课后马上去参加高考不太现实，但有很多学生在取得职业技术资格证就业后，才产生了读大学的想法。

当孩子自己想去读大学的时候，对自己的梦想会更加明确，这样考上大学的概率会更高。”

希谨爸爸皱着眉头说道：“我觉得让孩子读大学是父母的义务。别的孩子都去读大学了，他去上什么班……对此我不是很赞同。”

“我了解您的心情。也许您也在自责没有为孩子做些什么，所以他才会选择了这条捷径。”

“……”

当我想去拿些绿茶，从座位上站起来时，民奎打开咨询室的门走了进来。民奎在新学期成为了一名职业委托教育生，取得了美容师的资格证，现在快要毕业了。

“×老师，您好吗？”

“唔，好！民奎，好久不见了。”

“还有，×老师，您还好吗？”

“哎呀，这是谁啊？原来是民奎啊。你这么精神，我都认不出你了呀。”

咨询室里的老师都特别欢迎民奎的到来，因为他在职业委托教育一批产业信息学校、二批市立职业学校、三批院级委托选拔过程中全部落选，并且内心经历了很多痛苦。看到合格者名单没有自己而垂头丧气的他，每个人都替他感到惋惜。那一年的冬天对民奎来说尤其寒冷。从前一年的11月到第二年的2月，民奎一直处于绝望之中，直到3月传来好消息：职业委托教育学校有未报到的学生，因此要进行补录，民奎这一次被录取了。民奎的梦想是成为发型师。

民奎骄傲地说："我这个月要去实习了。"

"实习？去哪儿？"

"去Junohair（韩国著名美发连锁品牌）。"

"去那个有名的Junohair实习吗？呀，民奎你太厉害了！"

民奎真的是比以前容光焕发了，从以前忧郁的灰色变成了活泼的粉色。看到他这么生机勃勃的样子，很难想象要是按照成绩排名他能去哪所大学……

希谨爸爸坐在椅子上，留心打量民奎。我过来之后，希谨爸爸问我："那个学生也是职业班的吗？"

"啊，是。比希谨高一年级，再过一两个月他就毕业了。看到他现在的样子就知道他很满意当初的选择吧？"

希谨爸爸点了点头说道："是，看上去是的。其他孩子也是这样的吗？"

"是，大部分都是这样的。他们对自己要去实现的梦想都感到很满意。"

希谨爸爸沉默了一会儿。

“我想听希谨爸爸坦率的回答。”

“是。”

“如果希谨放弃职业教育，您相信他的成绩会提高，考上令自己和父母都满意的大学吗？”

“这个嘛，不太容易……但我们孩子脑子并不笨。”

“当然，希谨的智商并不低，只不过对学校的功课没有消化好，从初中的某个时期就开始对功课消化不了了。”

“学校功课没有消化好？”

“嗯，是这样的。对希谨来说，学校的功课就像不合他胃口的饭菜一样，想要消化好，就应该寻找适合他口味的食物。”

希谨爸爸陷入沉思之中，过了一会儿点头说道：“没办法了，就算是下策，也有它的好处。”

“选择没有下策，只有最好的。请为希谨鼓掌吧，鼓励他加把劲儿，他会有很大的不同。孩子会出现‘暴风式的成长’。”

父母应支持、鼓励孩子的选择

每个人都需要学习，学习的速度因人而异，但这种差异并不会一辈子都不改变。有小时候学习速度快的人，也有学习速度比别人慢的人。有的人学得快忘得也快，也有的人学过一次就不会忘记。

重点在于，不论是“乌龟”还是“兔子”，最终都能达成学习的目标，就像每个人都能学会走路一样。是否了解这一点，关系学习的成败。因为人们对自身能力的过低评价，往往不是依据事实，而是依据主观的想法。当需要的时候，人们一定能做到。没有牙可以用牙龈，没有手可以用脚，就算四肢不全，还有大脑。再懒的人，对于有丰厚报酬的事情，也会勤奋地去做。再怎么不擅长背诵，成为演员后也会慢慢学会背诵的技巧。因此，当孩子感到学习吃力的时候，家长应该鼓励孩子，让孩子对自己充满信心。

日本的一位数学家曾说，他小时候四则运算学得比别人慢，2 减去 3 为什么是 -1，怎么想都想不明白，因此上中学的时候，他的成绩一直排在后面。学习速度太慢，无法成为优等生的他，在高中毕业后，花了比别人多出两三倍的精力和时间去学习，成为了一名数学家，最后获得了数学界的诺贝尔奖——菲尔兹奖。

这个数学家是抱有“千里之行始于足下”的信念的人。他知道自己的理解速度比别人慢，于是决心花更多的时间去学习。这种决心只有在对自己了如指掌、有着坚定信念的时候才有可能产生。这种信念即“就算再慢，最后也能到达终点”。如果还是不信的话，想想现在的 KTV 吧。自从 KTV 出现后，有多少学生时代的五音不全者最后成为了歌手。

人生的路有很多条，不论选择哪一条都能够成就最好的自己。父母只需拍手鼓励孩子的选择即可。

十二

孩子的不安来自父母

不要“培养”不安的孩子，父母应该帮助孩子体验成功。目标设定应该尽量小，而且不论在什么样的状况下，父母都要表现出积极的态度。

我们家有一只5岁的猫咪，它有着一双清澈明亮的祖母绿眼睛和雪白皮毛，它的名字叫“雪儿”。

雪儿有一种洞察人类心理的本能。当怀着喜爱的心情靠近它时，它会主动把身体靠在人身上，无论抚摸、拥抱，还是抓它的毛，它都不会介意，有时候它还会趴在人的胳膊上打盹睡觉。可是当我想要给雪儿洗澡而靠近它的时候，它马上就会察觉，躲到床底下。我事先没有做任何准备，只是有给它洗澡的想法而已。雪儿发情的时候也是这样。当它“喵呜喵呜”叫得厉害的时候，我只要一产生把它关进笼子的想法，它就会快速逃跑。雪儿是怎么察觉到我的意图的呢？我已经特意伪装了自己的表情，这家伙还能察觉我的内心。

小区里游荡的流浪猫也能察觉我的心理。它们知道我没有伤害它们的想法，有时候会走近我，蹭蹭我的腿。

动物们都能读懂人的内心，孩子们更是如此。比大人敏感的孩子可以本能地察觉到大人的情感。因此，**当父母们被不安、恐惧、愤怒、忧郁、沮丧、受挫等负面情绪包围时，孩子也会受到影响，产生负面的情绪。**例如，焦虑症、强迫症、ADHD、对立违抗性障碍、品行障碍、转换性障碍以及其他的异常心理，大部分都与父母有关。

想要孩子健康成长，父母就应该扔掉担心和不安的心理，让正面、平静的情绪充满内心。

锡熏被诊断患有ADHD，初中的时候一直在接受药物治疗。来到咨询室的锡熏妈妈对我说道：

“班主任好像为锡熏的事很头疼，打电话来的时候，感觉她比我还忧愁。”

“现在他还在接受药物治疗吗？”

“没有，高中以来就没吃过药。我以为到了高中他会好点儿。”

“也没有进行心理咨询治疗吗？”

“我以为医院里会有，但在那儿好像没有进行过心理咨询。虽然有咨询师，不过也只是见过一面，之后再也没见过。”

“在患者较多的医院，咨询师可能会因做心理检查而忙得不可开交吧。”

锡熏妈妈叹了口气说道：“ADHD 没有办法治愈吗？医生说是因为脑部缺陷造成的。”

我见过很多被医院诊断为 ADHD，没有接受治疗，依然健康长大的学生；也见过很多通过药物治疗缓解了病情，却对药物产生依赖的学生。

我摇摇头对锡熏妈妈说道：“不是这样的。就算不治疗，大部分人也会好起来的。”

锡熏妈妈惊讶地问道：“真的吗？会自己好吗？我第一次听说呢。我以为脑部有问题，不恶化就已经很好了。”

“不是有问题，而是大脑功能没发育完全。成人的大脑还会继续发育，因此会渐渐好起来的。”

“啊！真想快点儿那样！”

锡熏妈妈脸上充满喜色。医学上尚未证明，我却如此确信是有原因的，因为没有什么比坚定的信念更有效了。我打开一本有关异常心理的书，让锡熏妈妈看。

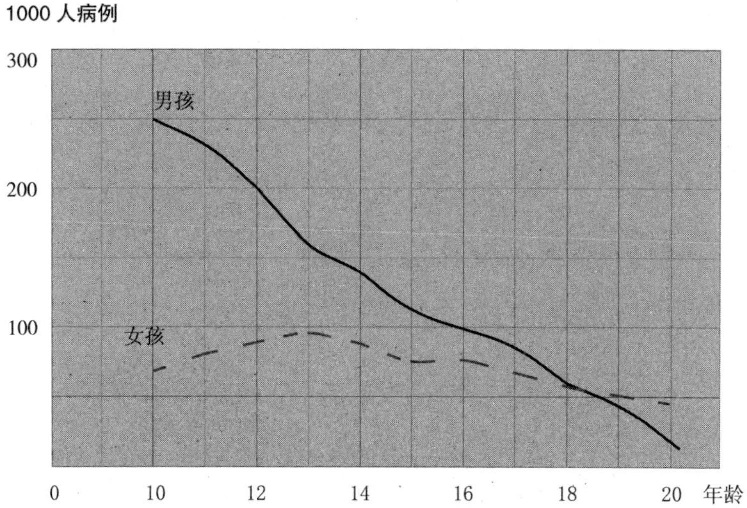

“请看看这个表，可以明显看出患有 ADHD 的人随着年龄的增长而减少吧？特别是男孩子，在 20 岁以前患病的话最后都会变好的。”

“是、是，真的是这样。谢谢您，老师，谢谢您！”

“不过等待孩子自己痊愈，这么宝贵的时间就会浪费了。十几岁时，学业是最重要的，如果做不好，成年后也会很麻烦。我认为适当地接受咨询治疗会好得更快。”

坚定希望是最好的处方。妈妈将坚定的信念传递给孩子，会促进孩子的心理成长。

曾经有个被诊断怀疑患有“焦虑症和强迫症”的转学生，被分到我当班主任的班级。

一天，班会结束后他找到我。

“老师，我有一件事情想弄清楚，我是不是以后不能服兵役？”

“为什么这么想呢？”

“我转学来的时候，附了医院的意见书。”

“是吗？我不记得是什么样的意见书了。”

这时孩子从怀里拿出意见书的复印本，上面写着“疑有焦虑症和强迫症”。

“疑有焦虑症和强迫症？这又怎么了？这种症状在青少年时期就像感冒一样正常，大部分人都会自己好起来。”

“真的吗？”

“当然了。不过你为什么一直保留着这个意见书的复印件呢？”

“妈妈说也许会用上，让我好好保管。”

“什么？这种东西就像长时间保存的购物小票一样，没什么用处。而且复印件能在哪里派上用场啊？”

“原件不是在学校嘛。有这样的病历记录是不是代表着去不了军队呢？”

“当然不是。这种记录没有任何用处，又不会记到生活记录册上，这样的意见书会放在学校仓库的某个角落，几年后就会变成没用的废纸……”

孩子脸上的不安似乎消失了。

“真希望老师的话是真的。”

“嗨，臭小子，老师对天发誓，那个意见书跟没有过一样。”

“啊……是……谢谢您，老师。”

孩子向我鞠躬致谢，然后把意见书放好准备离开。我叫住他：“等会儿！把那个意见书撕了吧，那个没有任何用处。”

“这样可以吗？”

“怎么？有什么不能撕的理由吗？”

“没有，只是我一直带着它……怕妈妈说……”

“如果你妈妈说什么我来负责好了，就说是老师撕的。”

孩子微笑着点头。

“好，既然你同意了，那就撕掉吧。行吧？”

“是。”

我在孩子面前把那个意见书的复印件撕掉，扔到垃圾桶里。

“怎么样？舒坦了吧？”

这时，孩子的脸似乎更加明亮了。

“是，心情很好。”

孩子迈着轻松的步伐走出办公室。然而不到10分钟的时间，他又回来了。

“怎么了？有什么东西落下了吗？”

他挠了挠头说道：“老师您刚才不是把意见书撕掉了嘛。”

“嗯，是啊！在你面前撕掉的。”

“那个……我能再撕一遍吗？”

“嗯？”

“我觉得应该撕得再碎一点儿。”

在我看来已经撕得很碎了，就算是藏宝地图，也很难从垃圾堆里找出这些碎片拼凑还原。然而这孩子看上去并不满意，最终他在垃圾桶里翻出了纸屑，重新撕得粉碎后才回到教室。

父母不担心，孩子才安心

孩子的这些不合理的担忧和不安是从哪儿来的呢？通过与他的对话就可以推测一二，原因在于“妈妈”，“妈妈让我好好保管”“妈妈说也许会用上”“怕妈妈说什么”……

这个孩子的妈妈，我觉得称她为“唠叨女王”也不为过。就算再细微的担心，也会给我这个班主任打电话，自己一个人唠叨近一小时。每次接完她的电话，我的耳朵都会因为长时间接电话而疼痛。

这个孩子几乎没有朋友，从不主动找人说话。只有班里的孩子跟他说话的时候，他才会答话。他的行为大部分都是按照父母的指示去做，十分依赖父母。

看到蛇，人们会恐惧地避开。遗传学家认为，这是由于害怕爬行类动物的古代哺乳类动物的遗传信息遗传给了人类。这样的不安和恐惧会储存在大脑中，既不能强行删除，也没有必要去删除，因为发自本能的恐惧会使人避开蛇带来的危险。

问题在于因不合理的想法而产生的不安。不合实际的不安，在歪曲的学习和经验中产生。**这种歪曲的学习多来自父母的警告和威胁，让孩子对实际上并不存在的事情产生不安和恐惧心理。**

“你，再不听话会被怪爷爷抓走哦！”

“不要靠近水边，会被水怪抓走的。”

“洗手！你的手上有很多看不到的病菌。”

孩子虽然不知道怪爷爷是什么样的存在，但看到父母夸张的表情会产生恐惧的心理，甚至会因此哭出声来。对于水怪的害怕会让孩子害怕接触水和大海；对病菌的厌恶和害怕会使孩子变成洁癖。

“学历社会”让所有的家长都很焦虑。**担心孩子在竞争中被淘汰的父母，会把焦虑传递给孩子，使孩子也惶恐不安。**如果担心能让孩子更优秀也罢，但实际上担心会加剧不安，妨碍孩子学习。所以父母越担心，孩子的挫折感越强烈，他也就越难摆脱焦虑不安。

不安这种情绪是不可能完全消除的，因为不安是对事物或事情的刺激做出的生理反应。不安的程度取决于人们对事物或事情的看法，即“想法的框架”。“人类不是因为事物而痛苦，而是因为对事物的看法而痛苦”，这是医生们的共同观点。

不要“培养”不安的孩子，父母应该帮助孩子体验成功。目标设定应该尽量小，而且不论在什么样的状况下，父母都要表现出积极的态度。当孩子拿回成绩单的时候，父母应该说“这样不错了，这么贪玩，成绩还能处在中游很厉害了”或者“已经没法往下降了吧，下次成绩应该能提高了，哈哈”等，正向对待孩子。

心理疾病严重时必须接受治疗

如果孩子的不安和恐惧心理过于严重，就需要接受医生的心理和药物治疗。对任何事都感到不安的孩子最终会发展成“对充满恐惧的自己感到不安”。脸红、呼吸急促、心脏剧烈跳动、声音颤抖等自己无法掌控的反应会使孩子惊慌失措。这种现象出现的原因在于自律神经和体内激素分泌紊乱，通过药物治疗有一定的效果。但要注意服用药物的过程中不要陷入误区，也就是不能有“我很不安，只能依靠药物”这样的想法。

我也经历过焦虑症。我自信能成为一个好老师，也有自信能在讲台上有好的表现，当然实际上也是如此。不过，虽然没有消极的想法，但身体出现了与之前不同的反应——声音会毫无缘由地颤抖。这些不安的表现从理论上是很难说明的。我把发生在自己身上的这种现象认为是时间的变化导致的身体变化。对于 A 这样的刺激做出焦虑反应的激素 X，一般量为 1，但在人生的某个时期，激素 X 的量为 2，所以身体会做出过度的反应。连笑星李京奎这样厉害的艺人也会毫无征兆地出现舞台恐惧症。也许这种情况的发生就是身体内部的不均衡导致身体做出过度反应，使人变得敏感，最终干扰了正常的思考。

我以前对药物治疗持有负面的态度，因为见过很多服用药物后对药物产生依赖的学生。但渐渐地我开始明白，依赖并不是因为药物，而是在于学生的想法。

接受精神科药物治疗的人应该牢记一个事实：“我不是为了精神治疗而吃药，而是为了使受损的身体反应体制恢复正常而吃药。”这就像消化不良时吃消化药，脑袋疼时吃止痛药一样。

十三

信任是对孩子最好的称赞

信任要从“无条件”出发。附加条件的信任无论如何都不可能是真正的信任。不是因为孩子做了值得信任的事情我们才去信任他，而是我们的信任会让孩子去做值得信任的事情。

能准确把握时代文化脉搏的地方应该就是书店了。近来在韩国书店比较受读者欢迎的是关于人生经营、自我启发、人际关系、子女教育等方面的书籍。其中，有关“称赞”的书多达数百本。

在一个以“称赞的艺术”为主题的演讲现场，讲师问道：“称赞为什么重要？”

“称赞让鲸鱼跳舞。”

讲师称赞道：“是，就是这样！您一定读了很多书吧？大家像这位一样积极回答我的问题，我就最高兴了。谢谢！”

然后，讲师让妈妈们开始练习。

“好，请跟我说‘你的衣服真漂亮’。”

“你的衣服真漂亮。”

“颜色和设计都很好。”

“颜色和设计都很好。”

“你穿着很合身。”

“你穿着很合身。”

“称赞就到此为止吧。”

“……”

“称赞的话说到这里很简单，因为大家也是这样称赞别人的。请大家在里边加入对方的姓名。”

妈妈们盯着讲师的嘴，等待他接下来的话。讲师又告诉妈妈们最后一个技巧：“悄悄地用耳语问‘这件衣服是在哪儿买的’。”

“啊哈！”

妈妈们一边重复说那句“这件衣服是在哪儿买的”，一边露出满足的神情。妈妈们之所以露出满足的神情，是因为“学到点儿东西”的满足感以及因此带来的自信心。然而，这种称赞的艺术不仅在社会生活中没有任何帮助，对于家庭中的人际关系也没有任何效果。家人需要的不是艺术，而是爱的力量。特别是**父母称赞孩子时，必须具备的一个要素就是“真诚”**。

学会称赞艺术的妈妈们想把它用在子女教育上，同时想用在夫妻关系以及社会人际关系上。但称赞如果不是发自真心，再实用的技巧也没有用。虚伪的称赞、礼节上的称赞、夸张的称赞、有意图的称赞都不会产生预期的效果，反而会产生负面效果。

“虚伪的称赞”不是真心夸赞对方，而是一种自我防御式的称赞。在敌对关系或尴尬的关系中使用称赞，主要用来表达“现在我没有和你争吵的意图”。虚伪的称赞能造成紧张感，比不关心对方更糟。

“礼节上的称赞”只是形式上的问候，不会有关系和行动上的进一步发展。礼节上的称赞就像写在海边沙滩上的字一样，很快就会在人的记忆中消失。就像对西装的双肩部位有白色头屑的人说“领带很配你”一样，这时与其礼节上称赞对方，不如帮他拂掉肩膀上的头屑。

“夸张的称赞”是对一件小事过分称赞。夸张的称赞会给人带来压力，在周围人的眼中，自己会成为虚张声势、过分夸张的人。这样的称赞表现出自己对对方的依赖，却不会让对方产生好感。

“有意图的称赞”是对对方抱有某种目的的称赞。目的有可能在称赞时显露出来，也有可能隐藏起来。希望实现某种目的的称赞和阿谀奉承有相同的效果，因为这样的称赞能给对方带来优越感。称赞技术高明的人，在称赞的时候能将自己的意图完美地伪装起来从而骗过对方。

“真正的称赞”是不虚伪、非礼节性、没有意图的称赞。不过就算是真正的称赞也有可能带来负面影响。对充满挫败感的人进行称赞，会让对方有“你不理解我”的感觉。在兄弟姐妹或同窗好友面前称赞其中的一个人，可能会引起其他人的忌妒。还有，如果总是称赞对方，一旦有一次没有称赞的话，会让对方产生“我做得不好”的失望感。

一次研修结束后，家长迟迟没有散去。妈妈们在谈论关于称赞和子女教育的事情。

一个嘴唇上抹着粉红色唇膏的妈妈说道：“可能孩子小时候被称赞得太多了，现在称赞对我家孩子不起作用了。每次听到称赞，他都是一脸厌烦的表情。”

一位面带杜乡微笑[①]的妈妈说道："我听说称赞可以让鲸鱼跳舞，可是跳舞的鲸鱼真的幸福吗……"

一位戴眼镜的妈妈说道："既然必须跳舞才能活下去，那就应该好好跳。"

面带杜乡微笑的妈妈又说道："也许它不想被称赞、被骗之后才跳舞……"

一位大眼睛的妈妈说："这么一说真是太可怜了。"

谈话过程中一直不停发短信的妈妈说道："那也得有值得称赞的地方啊！让他做的事不做，一直做别的事，还不如一开始就严格要求他学习呢！"

父母想要通过称赞来达到一定的目的，孩子对此一清二楚。2003年一项面向中学生的问卷调查显示，很多学生讨厌听到父母带有某种意图的称赞。

这时我说道："与动物不同，我们人类能够思考。听到称赞时，我们会思考为什么会受到称赞，可能小时候不知道，但长大了会慢慢知道的。只有在顺从父母的时候，孩子才会得到称赞吧？"

---

① 法国神经学家吉拉姆·杜乡（Guillaume Duchenne）发现人在真心微笑时，嘴角附近的颧大肌和眼角周围的眼轮匝肌会运动起来，产生皱纹。人们将这种真心的微笑定义为"杜乡微笑（Duchenne's Smile）"。与之相反的微笑是空乘人员只有嘴角上扬的微笑。为其命名时，人们借用美国著名的航空公司"泛美"的名称，称之为"泛美微笑（Pan American Smile）"。研究证实，带有杜乡微笑的人幸福感比其他人要高。

那位戴眼镜的妈妈说道：“不过在孩子成年之前必须得服从父母，不是吗？”

我回答道：“我不想把我的孩子培养成只会服从的孩子。我希望孩子有自己的主意，有意见的时候可以讨论。当然讨论的时候，我们之间的地位是平等的。讨论中即使我赢了，选择权也在孩子手上。很多时候我家孩子虽然觉得爸爸的话是对的，但自己的意见也没有错，最后选择按照自己的想法去做。不论孩子的选择是什么，作为爸爸的我都会给予尊重。”

感情表达式称赞与人物评价式称赞

当孩子捡起大人掉在地上的东西时，大人会说“谢谢”或者“你真好”等。这两句话虽然看上去差不多，但却有着本质的区别。如果在里边放入主语，就可以看出两者的明显区别。前者只是表示感谢，后者含有对对方的评价。为方便起见，我们将前者称为“感情表达式称赞”，后者称为“人物评价式称赞”。

感情表达式称赞是直率地说出自己感情的称赞。感情表现的主语不是“你”，是“我”；称赞的对象是行为，而不是人；不是抽象的，而是具体的。例如，称赞孩子：“幸亏你打扫了房间，家里才这么干净。谢谢！”在这种情况下，称赞的是清扫的行为，感情是“干净”和“感谢”，可以说这是很平淡的称赞。

人物评价式称赞的对象是“你”，与具体相比，更多时候称赞的是“抽象的你”。“你清扫了？哎呀，你真好。”这种情况下，清扫成为好人的条件，因此会给人不清扫就不是好人的压力。俄罗斯有句谚语：“夸人好会让人在寒风中颤抖。”这就是在讽刺人物评价式称赞很可能催生替罪羊的情况。

两个同龄老师 A 和 B 走在校园里的时候碰到校长。校长说：“A 老师，你是我们学校的宝贝啊，呵呵。”然后走开了。A 老师心情很好，也有些不好意思，心里会想“校长认同我了，我要更加努力”。旁边的 B 老师用现在流行的话说应该是羡慕、忌妒、恨，内心会有这样的想法：“校长应该是对我不满意吧！我也跟 A 老师一样啊，他知道什么就瞎评价……”

人物评价式称赞有时候也会简略为一个词，如孝子、孝女、孝妇、贤妻良母、模范生、优等生等。如果被这样的词所束缚，人们很有可能陷入迷茫和混乱之中。

人物评价式称赞与感情表达式称赞示例

	人物评价式称赞：抽象地评价“你”	感情表达式称赞：对具体的行为表达特定感情
孩子恭敬地行礼时	你是个懂礼貌的孩子啊	对我恭敬地行礼，我的心情很好
孩子打扫房间时	你是个勤快的孩子啊	多亏你的打扫，房间变干净了
孩子的成绩提高时	你是个有韧劲的模范生啊	你的努力有了回报，应该很高兴吧，我也很高兴
孩子听从父母意见时	你真是个听话的孝子啊	谢谢你听妈妈的意见
孩子当选为班长时	果然没有人能比得上你	受到朋友们的信任，心情应该很好吧，我也很高兴

信任比称赞更重要

在子女教育中，信任比称赞更重要。我在写作《子女对父母感到失望的研究》时，进行了一项关于父母—子女关系的问卷调查。调查中发现，对于什么时候最幸福这个问题，很多孩子回答收到父母所传达的“我信任你”的信息时最幸福。

“妈妈说信任我的时候，我最幸福。”

“爸爸轻拍我的背时，我心情很好。”

“父母默默地陪在我身边的时候，我最幸福。”

说信任孩子是语言信息，拍背和默默守候在孩子身边是非语言信息。调查显示，孩子在第二种情况下更能感到幸福。也就是说，相较于语言，用温暖的视线注视孩子、用行为表达信任孩子，更让孩子感到幸福。孩子也知道，话有可能是假的，但眼神和感情无法作假。

我们的孩子如此不成熟和容易犯错，该如何信任他们呢？

虽然不会太容易，但信任要从“无条件”出发。附加条件的信任无论如何都不可能是真正的信任。**不是因为孩子做了值得信任的事情我们才去信任他，而是我们的信任会让孩子去做值得信任的事情**。我们应该信任孩子的另一个原因是，作为父母的我们也是不完美的存在。父母认为正确的事，到底正确与否，谁也不能确认。人类坚信了数百年的科学法则都有可能出现变化，不过几十年的人生积累和知识经验，更加难免会出现错误判断。

担心孩子会生病的父母，总是唠叨着让孩子多穿点儿，但实际上医院的常客不就是父母吗？只有多吃才能健康茁壮地成长？然而很多成人疾病就是因为吃得太好才得的。万里无云的晴天清早空气好？早晨空气的污染指数是最高的，因此晨练并不好。在操场踢足球对身体好？操场的灰尘里充满了致癌物质。害怕孩子在教室穿拖鞋会滑倒，于是不让孩子穿，但实际上穿运动鞋在教室里蹦蹦跳跳然后摔倒的孩子更多。只有把头发剪短才能心无杂念一心学习？那么大人也应该这么做啊，这么好的事情为什么只让孩子做呢？

知道了好呢，还是不知道更好？忍耐好，还是表露出来好呢？做事好呢，还是休息好？是去还是不去呢？马上开始呢，还是等会儿再开始？这些问题没有正确答案，只在于个人的选择。

具有不同营养成分的10种食物分别装在不同的盘子里，父母应该给孩子选择什么样的食物呢？遗憾的是父母并没有选择的能力。在这样的情况下，孩子会自己选择需要的食物来吃。即使父母不告诉孩子，他自己也能找出来，这种能力就是自我实现的能力。父母应该相信孩子具备这样的能力。只要我们相信孩子，就能让他想玩的时候玩，想休息的时候休息，想学习的时候学习。

孩子会模仿父母的行为。如果父母喜欢学习，孩子也会喜欢学习。父母喜欢玩，孩子也会喜欢玩。如果为了让孩子学习，父母假装学习的话，孩子也会假装学习。曾经喜欢玩的父母现在变得勤奋上进的话，那么请相信孩子也会这样，当他玩够了以后就会变得勤奋。给予孩子信任比不信任孩子好千百倍。

十四

尊重孩子，从改变说话方式开始

通过说话的速度、时机、语调、语气、语序等，孩子可以感知父母的情绪和情感，即父母到底是因为自己做错了事才训斥自己，还是为了训斥自己而认为自己做错了。因此，父母有必要练习说话，并尽可能耐心平和地对待孩子。

我的母亲退休后以养育孙女为乐。虽然两个孙女都长大了，母亲还是像对待小孩子一样关爱她们，因此她们之间偶尔会出现摩擦。

“哎呀，真是的！奶奶，我已经是个大学生了。哎！”

小孙女带着不耐烦的顶嘴让奶奶感到很陌生。

“你们是我养大的，也不知道感恩……哎哟，好伤心！”

我尽量使自己不介入祖孙的对话，不过那天我很烦，所以冷漠地说了句："说了一句又说，孩子们都讨厌您了。"

话出口的瞬间我就后悔了。我对母亲说了什么话啊！

当时正好在吃饭，母亲看上去受到了打击，她低着头默默地吃饭。哎呀！不好了，母亲似乎被食物噎住了，一直咳嗽。

"孩子不懂父母的心。我也是……"

虽然我试图用别的话含糊过去，但之前的话已说出口了。

从我口中说出的话成为伤害别人的利器。

我的第一个错误是断定"孩子讨厌奶奶"，表达了孩子回避奶奶这个人的意思，这话非常难听。立足于"孩子讨厌唠叨"这一点而说的话，让奶奶的内心更加受伤。第二个错误是我冷漠的态度。话和文字不同，话语中带有感情。说话者的态度不同，传达的感觉也不同。介入祖孙对话中的我那冷漠的态度，让母亲如触电般神情僵硬。

果不其然，因为有事要办而出门的我收到了妻子发来的短信："母亲把刚才吃的食物吐了出来，现在正躺在床上。"

这时的解决方法只有一个，那就是跟母亲道歉认错。我怕她不想见到我，因此给她打了电话。

"妈妈，我说错话了。对不起……"

母亲急切地打断我："没有，没有！我不是因为你才生病的。刚才吃了别人家的食物，感觉不怎么好。"

“不管怎么说是我错了。我也不知道为什么会说出那样的话。我白念那么多书了。”

母亲一直说“不是”。

“不是因为你！不是啊。”

“是，我知道了。幸好您没有生气，不管怎么样，对不起。”

“好，晚饭回来吃吗？”

“是，我想喝大酱汤。”

“好的，我知道了。”

现在，母亲好像没事了。

媛静妈妈也犯了和我一样的错误。

“孩子他爸太爱唠叨了，媛静现在很讨厌爸爸。”

一旁的媛静爸爸可能不太好意思，一直干咳。

我说道：“媛静应该不讨厌爸爸，她讨厌的是唠叨。”

听了媛静妈妈的话，丈夫对妻子说道：“你这样说，身为爸爸的权威就不能树立起来。不要再做这种事了。”

媛静妈妈看着我和媛静爸爸说道：“您看看吧，这个人总是这样说话。什么叫这样说！真是的。”

媛静爸爸又对我说道：“孩子她妈总是站在孩子一边，只有我当坏人。”

媛静妈妈反驳道："孩子犯了错教导她就行了。因为你总是扯着嗓子大声训斥孩子，我才这样啊！"

"我只说了一两次吗？总是说很多次，她不听我才冲她大喊。"

"是吗，那就能骂孩子白痴吗？她是白痴，身为爸爸的你是什么呢？"

动物为了生存而斗争，人为了自尊心而斗争，夫妻之间更是如此。当自尊心的天平向一方倾斜时，为了摆正天平他们会争吵，因此没有必要去追究到底谁对谁错，输掉的一方会准备好下次的争吵。

"夫妻之间的争吵先暂停，以后继续吧……我有事情想问两位。"

媛静的父母听到我"争吵先暂停，以后继续"的话后，都闭上了嘴巴。

"两位总是这样吵架不累吗？"

媛静妈妈回答道："当然累了。总是这样吵架，被人看到我们也感觉很丢脸……"

媛静爸爸也回答道："说实话非常累。家里太平了，在外面工作也会顺心……"

我说："改变说话方式会使争吵变为讨论。"

媛静妈妈问道："说话也讲究方法吗？"

"是。两位听过'你（You）信息'和'我（I）信息'吗？"

媛静妈妈回答道："以前在家长研修课上好像听到过，但具体的……"

媛静爸爸摇了摇头表示没有听过。

"简单讲就是，'你信息'是以'你'为主语的话。例如，'你怎么这个样子啊？''你信息'会让对方产生负罪感以及反驳的冲动。与之相反的是'我信息'，'我是这么想的'，用这样的方式会使对方更容易听从你的意见。"

媛静爸爸说道："这两者有什么区别吗？一般我都感到喘不过气来，必须把话都说出来才行……"

媛静妈妈生气地看着媛静爸爸。

看到这一幕我赶紧说道："您的性格看来很直爽。"

这时，媛静妈妈嘟囔了一句："直爽？还真是好啊！"

我问媛静爸爸："您很晚才下班的时候多吗？"

"当然了，大韩民国的家长们不都是这样嘛。"

"如果这时妻子问您'你不早点儿回家干什么去了？怎么每天都是半夜才回来'，您的心情会怎样呢？"

媛静爸爸尴尬地笑着说道："您怎么这么清楚呢？呵呵。"

“因为大家的生活状态其实都差不多。不管怎么说，听到这样的话您的心情肯定不好吧？”

“肯定不会好了。”

“那么媛静妈妈怎么说您才会高兴呢？”

“这个嘛，就说看上去工作很忙，然后理解我，问问我吃晚饭了没有也可以。”

我问媛静妈妈：“按照媛静爸爸希望的那样去做会怎么样呢？”

媛静妈妈说道：“让我问一个不接电话、醉醺醺、半夜12点才回来的人吃没吃晚饭吗？”

“原来是这样，好像期待过高了。这种情况下最好使用‘我信息’，您可以说‘回来晚时要提前给家里打个电话，要不然等你回来的家人都很担心’。”

“……”

媛静爸爸点了点头。

我对两人说道：“就算心里明白，如果不经过训练便不会做好的就是语言习惯。事实上‘我信息’并不像我说的那么简单。首先，请练习说话时去掉两个词吧，这两个词是‘你’和‘为什么’。不要说‘你为什么这样做’。当不得不训斥对方的时候，不要说‘你做错了’，而应该说‘这件事做错了’。将焦点放在事情和行为上，可以减少对方的反感。”

“你信息”与“我信息”的说话方式

“我信息”是美国效能训练协会创始人托马斯·戈登（Thomas Gordon）在其所著的《父母效能训练手册》（*Parent Effectiveness Training*）中强调的说话方式。

托马斯在普及“我信息”之前先列举了妨碍沟通的“你信息”的例子。**命令、指挥、警告、威胁、说教、指责、解释、嘲笑、同情、讽刺等“你信息”会伤害孩子的自尊心，不利于孩子的成长。**

命令：“（你）到此为止吧！”

指挥：“（你）先做作业！”

警告：“（你）最好安静会儿！”

威胁：“（你）想挨骂吗？”

说教：“（你）那时候应该这样做。”

指责：“（你）真是太令人寒心了，怎么会做这样的事呢？”

解释：“（你）可能不知道才这样做的吧。”

嘲笑：“（你）傻啊！”

同情：“（你）不行了，太可怜了。”

讽刺：“（你）真是天才啊，天才！”

“你信息”会使孩子产生抵触情绪，感到羞耻、惊慌失措、愤怒等。这些想必大家已经了解，这里不再赘述。如果公司的上司这么对待我，我一定是想打他的心都有了。即便这样，大人们还是会对孩子使用“你信息”。因为他们认为“孩子还小，还很无知”，谈不上尊重孩子。**只有大人尊重孩子，才能受到孩子的尊重。**

“我信息”的核心有3点：

第一，“我信息”的第一句一般使用“时候（when）”。“你把房间搞得一团糟的时候……”“你大声吵闹的时候……”“你晚回家的时候……”等等。

这样的信息即使含有“你”，也不会包含责备、评价、训斥的因素。“时候”这个词的使用，可以防止“你一直这样”或“你就没有一件能做好的事情吗”等表达的出现。

第二，“我信息”的第二句经常点出“因为你的行动，我所产生的问题”。“你用完毛巾，没把毛巾放回原处的时候（无责备），我经常为了找毛巾（原因），浪费时间（结果）。”“你大声吵闹的时候（无责备），妈妈难以集中精力（原因），没法好好做事（结果）。”孩子很多时候是在不知道自己的行为会引发不好结果的情况下犯错的，因此父母最好讲清因为孩子的行为造成了什么样的后果。

第三，“我信息”表达“我的感情”。“你不洗手吃饭的时候，我害怕有病菌进入你的口中使你生病。”“你把香皂放在浴室地上的时候，我很怕有人会踩到摔伤。”这样的信息并没有直接指出“是因为你”。害怕和担心的原因不是你，而是“病菌”和“摔伤”。如果直接说是因为你，会让对方产生负罪感或者否认、歪曲事实。

“我信息”是以“人类是可以自己寻找到自我实现道路的一种自律性的存在”为基础的说话方式。

通过说话的速度、时机、语调、语气、语序等，孩子可以感知父母的情绪和情感，即父母到底是因为自己做错了事才训斥自己，还是为了训斥自己而认为自己做错了。因此，父母有必要练习说话，并尽可能耐心平和地对待孩子。

十五

如何培养孩子正直的品格

树立正确的价值观，需要积极向上的体验。因此，想要培养孩子正直的品格，就要在孩子没说谎话时给予奖赏。对孩子来说，最好的奖赏应该就是父母的认同和爱。

孩子通过和父母的相互作用会领悟到什么是好的价值观，什么是不好的价值观。这里的相互作用就是“体验式学习”。当父母因为孩子做了某件事而真心高兴时，孩子会将这件事看成是有价值的；反之，如果父母的反应平平或不高兴，孩子则会将其看成是没有价值的。

树立正确的价值观，需要积极向上的体验。因此，想要培养孩子正直的品格，就要在孩子没说谎话时给予奖赏。对孩子来说，**最好的奖赏应该就是父母的认同和爱。**

很多父母将孩子不说谎话看成是理所当然的事情，因此当孩子说谎时，父母会特别生气，想要纠正孩子。然而，期待孩子完全正直是不可能的。根据儿童学家的研究，儿童在6个月大的时候，为了吸引父母的注意力，会故意哭泣。到了会自己大小便的年龄时，由于经历过因不会自己大小便而被训斥的事情，所以经常说谎——“我没撒尿”。

幼儿期的孩子很多时候是在没有理解父母意思的情况下，并非出自本意地说了谎话。例如，父母问“这个花盆是你打碎的吗”，孩子可能会回答“不，不是我打碎的，是球打碎的”。因为沟通不畅引发误会，使得孩子在无意间说了谎话。

当孩子说了谎话，并且没有意识到自己的错误时，父母会产生不满足感。有过这样经历的孩子会更加努力练习谎言。此外，一些动画片和儿童节目也经常教孩子说谎的办法，由此，孩子认识了把手蘸满面粉假装羊妈妈的狼，认识了拿着有毒苹果的魔女。

在平时，只要父母能够认同和喜爱孩子本来的样子，让孩子意识不到说谎的必要性，就可以使孩子变得正直诚实。

如果说为获得认可而说的谎言是试图遮掩错误的一种被动手段，那么为获得利益而说的谎言则是一种能动手段：要小把戏抢其他孩子的糖果吃，取走小猪存钱罐里的钱，把零钱藏起来谎称零钱丢了，等等。在六七岁的年纪，我就会这样的小把戏，并学会了把它合理化。

“存钱罐里的钱是我放进去的。为什么要存钱呢？当然是为了需要的时候用。因为我借漫画书需要用到钱，可是妈妈说要到存钱罐满了才能动它，但是妈妈的话能信吗？妈妈肯定会抢走我的钱！”

不幸的是，我的预感是对的。存钱罐满了之后，妈妈把里边的钱都取出来存进了银行，她说以后会变成一大笔钱。虽然我很气愤，可是没有办法，所以我开始经常翻妈妈的衣兜，偷偷拿10元的硬币。每次做这种事我的心里都很紧张，不过想到这是为了拿回自己的钱就安心多了。

现在当了爸爸，我努力做到满足孩子。给孩子零花钱的时候从不附加条件，只要需要就给，因此孩子自己养成了储蓄的习惯。像压岁钱这种计划之外的钱，孩子都存进了银行。不过孩子可没变成吝啬鬼，当需要用到钱的时候，她们也会全部拿出来花光。知道如何消费，知道如何攒钱，她们形成了健康的消费观念。现在读大学的两个女儿都很正直诚实，从不说谎。

在攻击型父母养育下长大的孩子不愿意承认自己的错误，也不想因为自己的坦率引发家庭内部的矛盾，因此会选择说谎。在夫妻经常吵架的家庭中长大的孩子就是这样。

小时候有一次妈妈没做饭，我和朋友一起出去玩到很晚才回来。妈妈让我不要告诉爸爸，这是强制要求幼小的我说谎。感觉不对劲的爸爸一直追问我，我不得不说出实情，于是爸爸妈妈大吵了一架。那天因为撒谎我被爸爸威胁，被妈妈埋怨，都是我撒谎惹的祸。9 岁这年我懂得了撒谎是罪恶之花。

我的两个女儿从小到大对于实际发生了的事情从没说过谎（心里歪曲事实的想法除外），因为父母没有给她们说谎的动机。方法其实很简单。

第一，不管发生什么事情都不去训斥。

不去训斥就是不说“为什么”这样的话，不皱眉头，不做出厌恶的表情。实际上孩子的行为没有理由受到训斥。因为不小心和考虑不成熟而犯的错不应该受到斥责。吃饭时饭粒撒了一桌、打碎玻璃杯、跑的过程中摔倒、被熨斗烫到等事情，不过是一次体验。体验就是学习。当有东西要教给孩子时，在孩子理解之前和孩子对话即可。几天也好，几年也罢，父母应该给予孩子充足的时间，让孩子领悟到某件事有什么样的价值。不过现实中，父母往往显得过于焦急。

某个学龄期儿童的父母问道：“当孩子明显做错的时候，不应该训斥他吗？比如，把屋子搞得一片狼藉，或者不做作业只顾着玩。”

我回答道：“孩子将东西搞得乱七八糟，在孩子眼里这可能是美丽的风景。如果真的看不下去的话，父母帮忙收拾就可以了。作业是和老师的约定，他自己会做的。让孩子做作业是老师的责任，而不是家长的。真的担心的话，可以引导孩子想想不做作业会引发哪些后果，这就够了。”

第二，对孩子有求必应。

对孩子有求必应指的是倾听孩子的心声。孩子实际上不会因为得不到想要的而失望，而是因为父母拒绝的态度而失望。当孩子说：“爸爸，和我一起去游乐园玩吧！”爸爸应该立刻回应：“好，这个想法不错。”孩子表达自己的要求是一种很好的现象。如果爸爸实在没法去，可以说“你的意见真好，可是……”，以免伤害孩子的感情。

当小女儿说“爸爸，我要芭比娃娃”时，爸爸回答“那种东西没什么用处”，最能抹杀孩子的兴趣。“嗯，那个娃娃真漂亮，是吧？爸爸也想给你买。可是怎么办呢？那个娃娃太贵了，买那个娃娃的钱可以买 10 个兔子玩具了。怎么办呢？还有更好的办法吗？”通过这样的回答询问孩子的意见。如果孩子还是吵着要，最后只能满足孩子的愿望了，能怎么办呢？

读大学的女儿说道：“爸爸，我还以为我们家很有钱呢！”

“你现在才知道爸爸的存折里经常是负数啊？”

工薪族能为女儿花多少钱呢？估计不过是一般水平吧！不过我的两个女儿都坚信爸爸给女儿的是世界上最好的。这应该是我给她们从小灌输积极阳光心态的原因吧！

第三，真心地尊重孩子。

我们经常可以见到对孩子说敬语的父母。一次，我见到一个经营餐馆的父亲对孩子说敬语，听上去感觉很奇怪。父亲皱着眉头对孩子说：“爸爸不是说过不让您那样做了吗？您想挨骂吗？”

从厨房中走出来的母亲唠叨起来：“你为什么总对孩子这么说话呢？”

敬语只有在含有尊重的感情时才算是敬语。如果没有尊重对方的感情，只流于形式，不仅会让人感到很别扭，还会拉开与孩子的距离。健康的父母—子女关系不应该拘泥于形式。

家庭和睦是孩子健康成长的必要条件

为了养育性格开朗阳光的孩子，夫妻之间应该维持良好的感情。**夫妻不和会动摇家庭教育的根本。**我在写作《子女对父母感到失望的研究》时进行的一次问卷调查显示，很多孩子因为父母争吵而感到失望和受挫。因为父母争吵而感到绝望的孩子，甚至有“想死”的极端想法。在压力大到想自杀的情况下，孩子又能做得了什么呢?

夫妻和睦没有什么特别的秘诀，只需将伴侣视作和我一起生活下去的、值得感恩的人就行。作为男人，我十分感激和我共同生活的妻子。谢谢她为我做饭，为我洗衣，也谢谢她和我同睡一张床、同盖一条被。

社会上的习惯和习俗支配着社会成员的思考方式，使人们洞察不到其中的矛盾。特别是该社会习俗对自己有利时，人们就更有可能毫无反抗地去接受。

以男性为中心的大家长制度是损害夫妻间平等关系的社会习俗，这个习俗的受害者包括男女老少所有的人。因为要维持不平等的状态，会损害到所有家庭成员的自尊。丈夫享受不到作为丈夫的待遇，妻子感到自己在被奴役，孩子要看大人的脸色行事。

泰峻喜欢大声吵闹，无聊的时候会去招惹朋友，还有说谎的坏习惯。在情绪行为检查中，他被列入需特别注意的一类。为此泰峻妈妈来到学校。没有化妆的泰峻妈妈给人朴素淡雅的感觉。

“虽然泰峻没惹出什么大事，但我听其他老师说他经常招惹别的孩子。”

“老师，对不起！我没有教好他。对不起！”

“不是这样的，泰峻妈妈，你没有必要这样道歉。”

接下来一小时的时间里，我静静听泰峻妈妈讲述了泰峻的故事。

“您是说泰峻的行为很像他爸爸，泰峻的妹妹像您？”

“嗯，是的。”

泰峻妈妈的眼角湿润了。泰峻的爸爸脾气不好，泰峻妈妈一直在惴惴不安中生活。

“泰峻妈妈，从现在开始请理直气壮地说出您想说的话吧！”

“什么？我做不到。”

“为什么？您害怕您的丈夫吗？”

“不是，绝对不是那样的。”

泰峻妈妈的声音虽小，但语气坚定。拒绝变化肯定有她的原因吧！沉默一会儿后，泰峻妈妈说道：“我爱我的丈夫。虽然别人都在背后说我丈夫不行，但我不能。起码我要接受他。男人气势小的话能做得了什么事呢？”

泰峻妈妈似乎连丈夫的暴力态度都一并包容了。

“泰峻妈妈有多么爱家人，我也能感受到。然而您不觉得您爱的方式不对吗？”

泰峻妈妈迷茫了一会儿开口道：“爱应该是不论什么时候都去忍耐、温柔、包容吧。”

“打断一下，您去教会吗？”

“不，我周末也要上班，因为在超市。”

看到泰峻妈妈一脸倦色，我为她泡了一杯绿茶。她喝了大概半杯后，对话继续进行。

“泰峻妈妈，我是一名教科学的教师，所以喜欢用逻辑的观点看事情。可能接下来我的话您不爱听，但您能稍微忍耐听我说完吗？”

“是，当然。您的话应该都是为了我好。”

“关于泰峻的品行问题，刚才您说是您没教好的责任吧？”

“是。”

“您教错了他什么？您教他说谎、戏弄别人了吗？”

泰峻妈妈摇头道：“没有，当然没有。我总是告诫他不能那样做。”

“您嘴上没这么说，但却是这么做的。”

泰峻妈妈脸上露出惊讶的神色。

泰峻爸爸赚钱不多，在外面积累的压力总是发泄在家里。“我做事这么不顺利，都是那些奸诈小人的错。妻子像笨熊一样没有眼力见儿，一点儿忙都帮不上。该死的！”泰峻妈妈无法对这样的丈夫说出真心话。“我错了，别生气，加油吧！你是多么厉害的男人啊，千万不要泄气。”

泰峻妈妈长时间以来都是过着这样的生活。

“您一点儿都不真实，竟然对总是把错误推给别人的丈夫说‘你是厉害的男人’。”

“……”

“您知道为什么泰峻爸爸说您像笨熊吗？”

“……”

“因为他对妻子心怀愧疚，觉得对不起安慰自己的妻子，让她爱上了自己这样的人，因此会无意或有意地发脾气。”

泰峻妈妈的眼圈红了。

“尽管如此，他最终会感谢如此忍耐的妻子的，可是孩子们从父母身上会学到什么呢？”

看到这么忍耐爸爸暴脾气的妈妈，孩子们会学到什么呢？是不是会学到回避真实、压抑情感的方法，将过错推到别人身上的方法呢？

“因为泰峻爸爸诋毁别人也能被称赞，所以泰峻在人际关系中不会学习到正确的态度。”

泰峻妈妈说道："孩子他爸对别人也挺好的，请不要将他想得太坏。"

"对别人挺好吗？是因为喜欢别人才这样的吗？是不想受到指责才这样的吧！那么您就更有必要冷静下来。夫妻各自都是独立的个体，因此我们应该理解每个人都是不同的。因为是相爱相助的存在，所以更有必要相互尊重。"

不为获取利益而付出所有是献身，但如果献身对自己有害，也就没有任何意义了。有着一颗受伤的心，怎么能使家人幸福呢？长期的忍耐也许会获得家人的同情，但为了迟来的幸福必须要牺牲自己的生活吗？

乔哈里资讯窗

打破某个框架需要勇气，想要变化需要更多的努力。随着年龄增大，我们的价值观和观念更不容易改变，就像难以割舍长时间使用的物品一样。为了幸福，应该将深藏内心的想法向别人表露，并接受对方的反馈。乔哈里资讯窗[1]（Johari's Window）作为从视觉角度表现自我开放和接受他人反馈程度的

① 美国心理学家乔瑟夫·勒夫（Joseph Luft）和哈里·英格拉姆（Harry Ingram）提出的关于内心世界的概念，将人的内心分为公开区、盲目区、隐秘区和未知区4个部分。

工具，可用于自我启发。

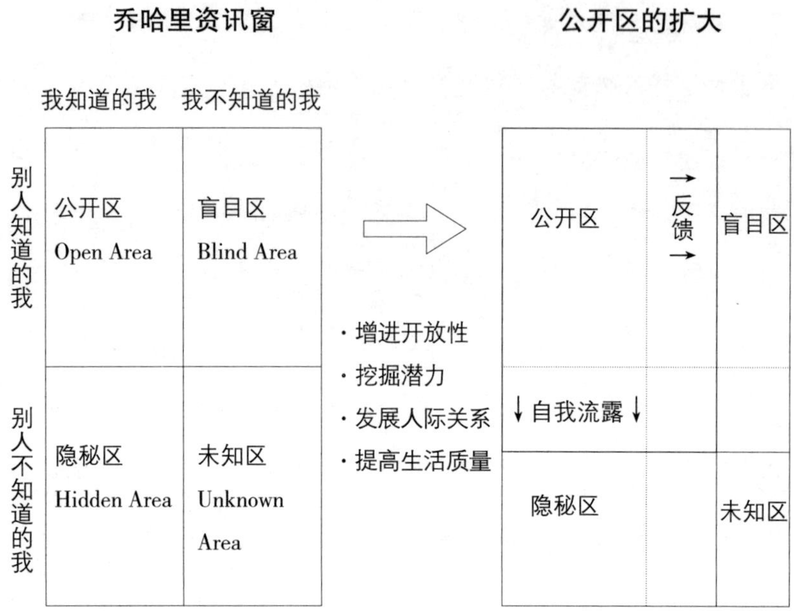

乔哈里资讯窗由“我知道的我”“我不知道的我”“别人知道的我”和“别人不知道的我”组成。公开区（Open Area）是“我知道的我”和“别人知道的我”重叠的地方，即“别人和我都知道的公开部分”。盲目区（Blind Area）是“我不知道的我”和“别人知道的我”重叠的地方，即“别人知道、我却不知道的地方”。自主性强、十分固执的人这一领域会比较大。隐秘区（Hidden Area）是“我知道的我”和“别人不知道的我”重叠的地方，即“只属于我的部分”。喜欢隐藏和回避的人这一领域会比较大。

未知区（Unknown Area）是“我不知道的我”和“别人不知道的我”重叠的地方，即“任何人都不知道的未知部分”，是未被发掘的潜力所在的领域。

为了更加成功、幸福地生活，应该表露自己，接受他人的反馈，使公开区扩大。对话应该是自由的，可以是轻松的谈话，也可以是深入的探讨。没有人能评价对话的好坏，人们也没有必要因敞开内心可能会带来羞耻或尴尬而担心。开放自己你会发现，自己和别人是一样的。

用一种平稳的心态深入理解自身和他人，就可以更加冷静地体味人生。

十六

青春期的性与爱

青少年的性问题多发生在感受不到父母爱意的时候。就像刺鱼不断扇动胸鳍，为鱼卵提供新鲜有充足氧气的水流一样，父母也应该源源不断地为孩子倾注感情。

十几岁孩子的家长最苦恼的问题之一，应该就是有关性（Sex）[①]的事情了。

“要是我家孩子爱上谁，离家出走了怎么办呢？”

“孩子有性经验？啊！啊！”

“学校的性教育课上竟然教孩子避孕的方法……什么呀！这是在告诉孩子可以发生性关系吗？！这样符合伦理吗？！”

① 这里的“性”指的是异性或同性间精神、肉体上的关系。

家长们也苦恼如何对孩子进行性教育。让孩子向妈妈学习怎么样呢？

“男女 7 岁不同席，不能有异性朋友。”

“男人都是狼，千万不要靠近。”

“拉拉手就要结婚，接吻的话会有小孩。”

妈妈经常对孩子说这些她自己都不认可的事情。

有位家长对我说：“为什么电视上没有正式的性教育讲堂呢？怀孕的原理、自慰、避孕等也属于知识教育的范围嘛。我听性教育课的时候，感觉就像是在听生物课。”

“也许是因为专家也不知道怎么教吧。性是需要限制的对象，还是个人的选择，对于这种问题专家也没有一致的答案。性伦理由于时代的不同而不同，而且每个地区关于性的风俗和文化也不同。”

社会共同体长时间以来通过宗教和婚姻制度来统治个人的性。统治性的最有效的方法是婚姻制度。在社会共同体中，将婚前、婚外的性关系视为不道德和败坏的行为，而在权力的协助下，这样的统治[①]十分容易，可以提高劳动生产率。然而 20 世纪后半叶，在女权主义（Feminism）的影响下，社会

① 即通过法律来限制，以便更容易地控制公民，使其不能随心所欲。因此，尽管性爱几乎不会花费什么费用，但性欲望却被权力的绳索套牢，从而实现当权者的统治。

上出现了性伦理革命，人们要求自己掌握性的主导权。价值观的变化引发世界的变化。正是在统治和压迫下，人们不断要求解放和自由，从而推动了社会的进化。

对于性，父母很难亲自去教育子女，因为严禁讨论性的旧习惯仍然存在，虽然人们现在正处在价值观转变的时代中。

我认为生物学意义上的性教育应该由学校承担。近年来，学校正在义务实施性教育。而**父母对于子女的性教育应重点放在心理上**。父母应该理解现在孩子对性的态度，并帮助孩子树立健康的性价值观。

随着网络和SNS（Social Networking Services，社会性网络服务）的发达，现在的孩子对性有着什么样的看法呢？在号称勇敢（Valiant）、多样（Various）和生机勃勃（Vivid）的V时代，十几岁的孩子们毫不避讳谈论性。

在一个慵懒的周五下午。

“老师，您给我们讲讲您的初恋吧！”

班里的同学都望向这个说话的孩子。

“您女朋友是什么样的人呢？小学生吗？”

说完，另外一个学生扔下一枚“炮弹”。

“老师！我呢，和女生做了50多次了，为什么没有小孩呢？”

大家哄堂大笑，随后又都看向我。

我装作若无其事地说：“你是和空气做的吧？”

“空气……哈哈哈，哈哈哈。”

这种对话也算一种玩笑吧！

刚刚度完蜜月回来的女老师在走廊上走着，走在后面的一个学生突然上前问她：“老师，初夜怎么样？还好吧？”

再怎么口无遮拦也不能这样，太没礼貌了。不过，更让人吃惊的是老师的反应：“嗯，你过得怎么样？想我了吗？”

我因为这件事受到很大的冲击，有一段时间脑袋一片空白。

“我是不是做错了呢？”

天修来到咨询室，他的脸色很不好。

“怎么了？出什么事了？”

天修没说话，深吸了一口气。

“怎么了？哪里不舒服吗？”

坐在桌前两手抱头的天修过了一会儿说道：“妈妈让我退学，她说像我这样的人没有学习的必要。”

“真是的！看来妈妈很生气啊！”

听完事情的来龙去脉后我才知道，天修写的情书被妈妈发现了，上面有和女朋友发生关系的内容。天修对这件事情束手无策，不知道该怎么做才好。我给天修妈妈打了一个电话。

“什么？他去咨询室了？”

“是的。他跟我说了一下情况，不知道现在怎么办才好。”

“这件事我想都没想过。他到底有没有脑子呢……因为太过吃惊，所以我现在也不知道该怎么办。”

“只能把这件事当成罗密欧与朱丽叶的爱情游戏了。他这个年纪是很有可能犯这种错误的，不过您最好趁这次机会教育他要对自己的行为负责。”

青春万岁，爱情无价

读高二的时候，我们学校的学生要和隔壁女子高中的学生一起准备全国体育比赛中的团体操。当大约 500 多名女学生来到我们学校的操场时，从 2 楼教室往下看的我差点儿晕倒，那感觉就好像被彼得·潘的精灵拉着升向高空。这样怦怦心跳到底是怎么了呢？是女学生们一起散发出的激素吗？团体操练习持续了 6 个月的时间，这段时间我们男生一直如同醉酒了似的。老师为了管教我们，几乎每天都要进行体罚，就算这样也很幸福，我们都这样觉得。“最近我怎么这么幸福呢？真是理解不了。”我第一次感觉到可以毫无理由地喜欢上某个人。

每天上学的路上我都会遇到一个穿海军服的女生，看黑板就像看白纸一样的感觉，就是从那时候开始有的。有着白净秀气的脸庞和漂亮深邃眼睛的这个女生每次经过我身边时，都会稍微低下头，微风吹过她的短发，飘来一阵槐花香。

如果我是草原上的野狼，就会毫不犹豫地奔向她。也许她会抓住我的手吧。然而因为害羞，所以每天我都自顾自地走开。不过有一天，经过我时，她停了下来。尽管心跳如鼓，我还是如逃亡般直视前方，赶快走掉了。而她如人偶般在那里站了很久。我一整天都在想她，那天晚上睡觉前我下定决心明天一定要鼓起勇气……

然而，那天以后我再也没见过她，好像她搬家了。我的泪水流了下来，接下来的几个月我都魂不守舍地思念着她。

在我们那个时代，大家对爱情应该有着相似的态度吧？在思念的折磨之下给电台寄信，独自倾听电台音乐，在满天繁星的夜晚漫步江边想一个人，点燃篝火在吉他的伴奏下通宵唱歌，踩着秋天的落叶吟诵诗歌，在教堂画十字架虔诚祈祷……送走美好的青春是多么让人惋惜啊！

现在成为父母后，我们开始赞颂青春。青年的爱情是无价的，它比世界上任何事物都贵重。

不要让孩子的感情口袋空着

每个人都有感情口袋。这个口袋我们自己无法填满，只有家人和朋友给予的感情才能填满。感情口袋空的话，人就会失去神采，因为**感情是人生活的能量。**

马斯洛将爱和归属的需求放在第三个层次。当生理需求和安全需求在一定程度上得到满足后，人类就会产生爱和归属的需求。根据这个理论，在物质丰富的现代，孩子们有较多的爱和归属的需求也是不可避免的事情。

有位妈妈带着初一的女儿来首尔找我咨询。她的女儿是一个苗条漂亮的孩子。这位妈妈说因为孩子被孤立的问题，她正在考虑给孩子转学。被孤立的对象一般有两类，一类是憨厚老实的孩子，一类是被忌妒的对象。这个孩子属于后者。由于被送进艺人学院，所以她梦想着华丽的世界。她希望受到万众瞩目，因此对于朋友们的刁难，也全都忍了下来。我劝她的父母在自己的城市为她找一个专业的咨询师，去做定期和长期的咨询。

她经常发短信告诉我日常生活中发生的事情。她很自豪转学后交到很多朋友。不过有一天，她发来一条短信："老师，请帮帮我吧！我被关在房间好几天了，爸爸一直在监视我。”

我给孩子的妈妈打了一个电话。妈妈叹了口气说女儿和男学生混在一起抽烟喝酒，所以爸爸才会这样做。周末的时候我去了一趟，见到了孩子的爸爸。爸爸看上去很疲惫。

“我拿她怎么办好呢？总不能24小时一直看着她……”

在我的劝说下，孩子被允许晚上外出。得知消息的她高兴坏了，而爸爸心里充满了担忧。

“她再这样下去不爱惜自己的身体，该怎么办啊？”

“请尽快找一个专业咨询师吧！她的感情口袋是空的，需要有人去填充它，不过孩子好像对从父母那儿获得感情已经绝望了。”

这个孩子还有一个妹妹，父母似乎把全部的感情都倾注在了妹妹身上。有着明亮眼睛和灿烂微笑的妹妹的感情口袋看上去是满的。如果孩子是父母偏心的牺牲品，那么问题就严重了。和妹妹比较的话，她会产生自卑心理，为了弥补这一点，她会去外部寻找慰藉。再加上正处于青春期，这使得她更渴求外面的世界。

之后情况并没有好转。爸爸把孩子送到位于智异山偏远村庄的一个礼节学校。这个孩子面对黑暗两次计划逃脱，最终打破牢笼，成为自由飞翔的鸟儿。

3年过去了，她的KakaoTalk（韩国的免费聊天软件）头像是一个涂有鲜红嘴唇的年轻姑娘。幸好她看上去过得不错。

感情不能只放在心底，不展现出来。展现就是让别人感受到。没有父母不爱子女，但如果子女感受不到父母的爱，为了填补这份感情的空缺，孩子会去别的地方寻找。当然，可能时机到了孩子会自己领悟到，但也有一些孩子可能会因此走上人生的弯路。

青少年的性问题多发生在感受不到父母爱意的时候。就像刺鱼不断扇动胸鳍，为鱼卵提供新鲜有充足氧气的水流一样，父母也应该源源不断地为孩子倾注感情。

爱是包容与信任

爱能包容最恶劣的状况。

性教育讲师金老师晚上大部分时间都在和独生女的对话中度过，那是像朋友一样的对话。

“孩子，你觉得妈妈和什么样的男人交往好呢？”

“那个嘛，当然是看妈妈喽。不过如果还是像和爸爸那样分手就麻烦了。”

“这个妈妈可没法保证啊！就像看上去漂亮的衣服，买回来可能穿不上。”

“世界上没有正好合适的人，都是相互磨合打造的。”

“是吗？”

女儿在为妈妈出谋划策的过程中逐渐成长。女儿是在哪儿学到的这些想法呢？是从妈妈那里。一次女儿读完关于未婚妈妈的自白书后问妈妈："妈妈，我要是成为未婚妈妈，该怎么办呢？"

当时，金老师是这么回答的："能怎么办呢？生命是宝贵的，当然要好好抚养孩子了。不过你一个人是养不了的，你连买奶粉的钱都没有吧？不要担心，妈妈帮你养。"

金老师做过很多次关于性苦恼的咨询，她认为如果连最差的情况都能予以包容，孩子自己就会知道如何做好自我管理。与之相反，那些"闯祸的孩子"大多都有一对严厉的父母。这与我观察的事实一致，也与很多心理学的理论相符。然而人们并不相信，他们认为"正因为孩子闯了祸，所以要严格管教"，并没有想到"因为疑心和严格的管教才使孩子闯祸"。**疑心和严格的管教源于父母对孩子的爱，但孩子从中感受不到父母的爱，却认为这是对自己的不信任。**在孩子眼中，不能相信自己还说爱自己的父母是在说谎。

周五的下午，大学三年级的子澈来到学校。

"在宝贵的周五来找我，子澈是不是很闲啊？"

"老师，不要小看我！我也是大忙人，正好路过，因为我和别人约定的时间还没到，所以就进来了。您最近还好吧？"

"我听说，你最近的爱好是喝酒和夜不归宿啊？这样的消息早传开了呢！”

“谁说的？在图书馆熬夜学习也叫夜不归宿啊？”

“知道了、知道了，你厉害。”

询问子澈的近况，他谈起了最近的感情状况。

“女朋友吗？”

“是啊，最近还好吧？”

“分了。”

“为什么？”

“没什么，也不是什么大事。”

“没事吧？肯定很难受吧？”

子澈笑着对我说：“年轻人的特权嘛。相互纠缠的话就太逊了。”

“呵呵，好冷，真冷。”

“没事了，我现在新交了一个女朋友。”

“什么？臭小子，再怎么装酷也应该有个整理感情的时间吧？什么爱情让你这么快就弃之如敝屣了呢？”

子澈不自在地说道：“她也有男朋友了。您不用担心。”

子澈说不纠缠的爱情是年轻人的特权，认为纠缠很逊。当然爱情不能成为套牢的绳索，可只是品尝一下味道就停止的爱情就不是爱情，喝醉酒在地铁里接吻并不是爱情。

爱情是通过共鸣和尊重让双方都感到喜悦，爱情是分享智慧共同成长，爱情是用眼神就可以传递的幸福。爱情是赞美，就像看到夜晚美丽的星空，看到流动的江水，闻到花香一样，去赞美、欣赏对方。

父母可以给孩子讲述他们青春时期的爱情。就像翻看旧照片一样，找出褪色的久远回忆。为孩子讲述哪怕晚上一分钟就会错过的命运般的相遇，这相遇是多么动人和美丽。没有爸爸妈妈就不会有孩子，每个孩子都希望自己的父母能深深地相爱。夫妻相爱是我们能给予子女的最好礼物。

十七

好爸爸是这样炼成的

作为爸爸、丈夫，我们更应该用心实践爱。孩子们想像羊群一样自由自在，父母只需像牧童一样远远守候即可。当孩子请求援助时，父母要立刻给予帮助。

日本红螯蛛产卵后会把自己的身体作为养料提供给后代。瞪羚等食草动物在自己的孩子处于危险时，即使对手是猎豹等猛兽，也会毫不犹豫地发起反击，保护子女。动物为了自己的孩子可以奋不顾身，付出生命，作为万物之首的人类更是如此。对子女的爱和保护是一种本能。

然而在情绪、理性上要求独立的青春期孩子，总是试图和父母对抗。自我意识强的孩子每件事都要和父母对着干。这时父母不必为此伤心，反而应该有“我们家孩子开始自我分化了”的想法，对这件事保持乐观的态度。孩子的自我分化是为了脱离依赖性，成为真正的独立体，并且需要经历或长或短的过程。帮助孩子顺利地完成自我分化，是父母的明智选择。人类的寿命很长，子女独立的时间越晚到来，自我分化的矛盾期也越长。不过有一点很明确，每个父母都本能地深爱着子女。我们内心的感情只有表露出来，才不会成为虚幻。不仅是对子女，夫妻之间也是如此。不管在内心爱得多么深沉，不转化为行动就没有任何意义。美国医学博士 M. 斯科特·派克（M. Scott Peck）曾经给爱下过这样的定义：**想去爱的欲望并不是爱，只有用行动表现出来才是爱。**

走在路上偶然和一个陌生人视线相交时，也许会有“我为什么是我呢？那个人也有可能是我”的想法。也许我们所有人都是无数个平行宇宙中同时活动的存在。像这种人与人之间相互联系的感觉，使得我们更加珍惜彼此。假设我们相互之间没有联系，而是独立的个体，那么爱就没有任何缘由了。不论对方是谁，我们都不会珍惜。家庭是一个小宇宙，所以我爱一起生活的家人们。

“你这个人啊，不要对妻子太好了。这是在给我们增加压力，别人家的丈夫要头疼了。”

这是一个很厉害的前辈对我说的话。他也做了他能做的，不过前辈的妻子很爱唠叨，让他不胜其烦。

给别人增加压力的丈夫是那种尊重妻子意见的丈夫。爱的实践始于听从妻子的愿望：丈夫没有做不到的事情，让清扫就去清扫，让扔垃圾就去扔垃圾，让把孩子送去学校就去送。当然没时间的话可能做不到，妻子也应该理解丈夫。体力耗费大的男性很容易疲劳，寿命也比女性短大约10年，所以只要有空，丈夫就会躺在沙发上看电视。

倾听妻子的话也是明智的做法。女性的胼胝体比男性大，因此女性可以同时做几件事。胼胝体具有连接左脑和右脑的作用，所以女性的多任务处理能力十分优秀。女性甚至能在处理家中各种琐事、照看孩子、工作中找到平衡并且全都表现优秀。

成为尊重妻子的丈夫后，我经常受到别人的指责，但那又怎样呢？这是让妻子高兴的事情。男性可以行使家长权威的时代已经过去了，现在是男女平等的时代。**越放下作为丈夫和父亲的权威意识，越能使家庭和睦、生活幸福。**

多为妻子分担家务

女性喜欢美丽优雅地生活，所以家里脏活累活最好由丈夫去做。

我的妻子曾经有过因为喝太多酒而呕吐的经历。男性的话，吐在哪里都可以，无论是电线杆还是马桶，只要有东西倚靠就能解决生理上的不便。但女性却做不到，她们讨厌自己丑陋的一面。

妻子吐在了洗脸池里。吐完后她还一边照镜子一边说："老公，洗脸池的口太小好像堵住了。"

这时怎么唠叨她也没用了。妻子笑了笑，直接去睡觉了。

"至少比吐在被子上强，哎。"

收拾被污物堵住的下水道时，我联想到了以前在军队里擦枪的情景。

大部分女性都用隐形眼镜代替框架眼镜，除了追求外表的完美，还因为洗衣服和做饭很容易使眼镜上布满雾气。此外，戴眼镜还容易造成化妆不均匀。但是隐形眼镜需要每天清洗保管，如果不卸下来直接睡觉，会导致眼球干涩发痒。

妻子偶尔也会戴着隐形眼镜睡觉，因为在困意袭来的时候去洗手间卸掉隐形眼镜很麻烦。一天，我拿着盒子和护理液走进卧室，叫醒睡梦中的妻子。

"老婆，在床上直接把隐形眼镜卸下来吧！"

虽然是件小事，但妻子很感动。

给猫咪清扫粪便也是我的事情。猫马桶里有黏土成分的猫砂和风干成块状的粪便，打开盖子就会传来刺鼻难闻的气味。我用铲子将结块的猫砂铲走，放在塑料袋里，然后添上新的猫砂，再轻轻喷一些芳香剂。

猫咪不喜欢洗澡，就算再怎么闹着不想洗澡，我也要抓住它，把它放在水盆里。我先用洗发水和护发素洗猫毛，接着用毛巾把水擦掉，再用吹风机吹干。由于猫毛很细，水不容易擦掉，所以这个过程要花费很大的力气。偶尔我的手会被抓破，而且给一直往后躲的猫咪洗完澡后，我的腰都快断了。不过我还要干一件事，就是清理洗澡过程中掉落的猫毛。

猫咪很不喜欢为它处理这些事情的我，只喜欢抱着它、陪它一起玩的女儿和喂它食物的妻子。

写到这里我突然意识到，实际上大部分的琐事是妻子做的。妻子要照顾公婆，要兼顾好工作。然而她为什么还会觉得我做得好呢？有很多丈夫都是“家庭煮夫”呢！而即便我做了很少的事情，也会夸奖我“做得好”的妻子才是个中高手。

好丈夫、好爸爸必须会做饭

为家人做饭也是一件幸福的事情。

菜谱再好，如果食材的品质、新鲜度、料理时间不同，食物味道也不会相同。而那些在外边买到的食物，味道总是低于我的预期。因此，除了知道外面的食物需要花钱买以外，我在吃掉它们后会迅速忘记它们的味道，不会留下任何印象。

牛肉吐司、炒牛里脊、炒年糕、意大利面是家人喜欢的爸爸料理。材料应该在当天购买。我做饭一般都是在轻松的周五或周六晚上。当然就算不是这两天，只要家人期盼，我还是会满足她们的。

去市场或超市买食材时，应该仔细查看保质期，选择最新鲜的购买。鸡蛋和乳制品的保质期一般藏在包装的背面，肉和鱼的保质期一般在正面。购买罐装肉时，应该仔细观察罐子底部肉的颜色。因为包装时，氧化严重的肉一般会被铺在底部，而鲜肉则放在上面。面包应该购买质地松软的。

邻居家的爸爸做饭水平很高，特别是汤类的食物没有他不会做的。辣鲫鱼汤、鲶鱼汤、狗肉汤，甚至龙凤汤……他总是煮好汤为家人摆放在饭桌上，可是家人们却很少去喝，每次都是他一个人全部喝光。

“很好喝为什么不喝呢？”

“你自己喝吧！我们看看就饱了。”

为自我满足而做的饭菜不是真正的爸爸料理。爸爸料理应该是像大长今所做的一样，考虑到家人而不是个人的口味和健康，要用心去做。

做饭的时候，不要忘记让家人去看电视或玩电脑。妻子应该悠闲地看电视，孩子们应该读书、玩 KakaoTalk，或者做别的事情。料理只有在尽情享受的时候才最美味。就算是不怎么好吃，看着我忙前忙后的样子，估计家人们也会充满期待吧！家人们有时候会忍不住进厨房察看，我会让她们出去等着。等待是让不好吃的料理变成美味的秘诀。

亲情按摩让家充满爱

按摩伴随着肢体接触，有利于夫妻关系和睦。按摩至少要 30 分钟以上，直到全身变热流汗为止。

按摩应该按照肩膀、脖子、背、胳膊、指关节的顺序进行。按摩上半身的时候，用被子将下半身盖住，按摩下半身的时候，用被子将上半身盖住。因为流汗可能会带来凉气。当身体放松后，妻子有可能进入梦乡，这时身为按摩师的丈夫最好继续按摩到自己出汗为止。因为按摩不仅会使接受的人放松，对按摩者来说也是一种全身运动。所以当被按摩的人身体舒适时，按摩人的消化系统也加快了工作，按摩人会出现打嗝的现象。

“咯，咯……”

当丈夫打嗝时，妻子也许会笑着说按摩到此为止。按摩的次数最好是一周一次，如果年纪较大，感到吃力的话，可以一月一次。

“爸爸，我也要按摩。”

偶尔孩子们也会要求按摩。这时应该多做伸展运动，以帮助孩子矫正体形。拉拉腿、揉揉胳膊，缓解孩子的疲劳。由于孩子用脑较多，可以用手指按摩孩子的脑袋。当孩子吃得太多的时候，应该按摩脊椎附近的肌肉，并按摩肚子以促进消化。

孩子做作业时需要大人陪伴

“帮孩子做作业会使孩子形成依赖的。”

以前不知道听谁这么说过，所以大女儿小的时候我从不帮她做作业。就算孩子一个人挠头抓耳，我也装作不知道。她小学五年级以前，我没为她请过家教。直到小学六年级时，才为她请了家教辅导英语会话。

大女儿一个人默默地学习，然而成绩却下降了。她看上去很孤单和疲惫。因此为了让她好好学习，我让她打开教科书……我忍住了想要训斥她“连这个都不会”的想法，她似乎感到我的心情不好，回答问题更加差劲了。

轮到小女儿的时候，我换了方法，让妈妈在一旁陪伴她写作业。妈妈在旁边看着她写作业，有什么需要妈妈就会为她准备好。偶尔也需要全家出动，制作家庭新闻、实地调查等作业一般都由全家人共同计划完成。我们一起去过后山进行岩石样本采集，也一起做过汽车行驶地图……

小女儿我既没有不管她，也没有随便干涉她，而是像朋友一样帮助她，所以她从来没感觉到做作业很烦、很吃力。偶尔有几次她会拜托妈妈善后，她去睡觉，而此时我也并没有因此责备她。

关怀让疼痛远离家人

“痛症”不仅是生理上的痛，它还受到心理因素的影响。由心理因素引发的痛症症状有头痛、过敏、疲劳、心跳过快、腹痛、排尿困难、痛经等。

“爸爸，我头痛。”

“头痛的话去医院吧！”

父母这样漠不关心的回答，会让孩子的头更痛，甚至有干脆去医院住院的冲动。

“头痛也要去学校啊！”

当父母提出这样的要求时，孩子的心里凉透了。针对儿童的问卷调查显示，在生病时被要求去上学，这会让很多孩子怨恨父母。

我小时候得过一次麻疹，在医院治疗了好几天病情都没有好转。麻疹蔓延到了全身，十分严重，我的家人为此担心不已。奶奶不知道从哪儿听来的偏方，买来干明太鱼放在大酱汤中，用瓢舀出来撒在我的枕边，然后拿着菜刀对着我大声呵斥：“你这家伙！麻疹鬼啊，还不赶快从我孙子的身体里出去！再不出来的话我就用刀把你砍掉！”

我的父母跪在一旁祈祷“让我的孩子快点儿好起来吧”。

第二天凌晨奇迹发生了，遍布全身的麻疹消失了。也许是家人的关心让我在心理上感到安慰和幸福，从而打败了病痛。

有的人经常会感觉身体不舒服而频繁地去医院，这样的人有可能患有躯体形式障碍[①]（Somatization Syndrome）。这种病症又称为布里凯综合征（Briquet Syndrome），患者一般会有剧烈的痛症反应、不安和抑郁。当一个人充分感受到家人的关心和爱护时，是不会出现这种病症的。

对孩子而言，一般与身体上的病痛相比，装病的情况更为普遍。装病通过“心情转换”就可以解决。当孩子装病时，大人不必威胁他，应该让他休息或者让他去做想做的事情。

父母恩爱是子女最好的礼物

辈分是一种方便分辨关系的方法。夫妻之间是 0 辈，父母和子女之间是 1 辈。按关系的优先顺序，我们先来看一下夫妻。

“0 辈之间分手的话就成为陌生人了。”

① 躯体形式障碍是一种持久地担心或相信自己躯体有患病症状的心理障碍。其一般出现在 30 岁以前，可持续数年。

“对，是啊！本来是陌生人，却能成为夫妻，因此彼此应该珍惜和爱护对方。”

当母亲和妻子之间出现分歧时，我表面上保持中立，内心却倾向妻子一边。因为我和母亲是1辈，和妻子是0辈。子女也是如此。有一次我开车去接女儿，女儿却表现出很不满：“每次妈妈叫你，你都很快过去。为什么我拜托你来，你都不快点儿答应呢？”

“那个啊，因为妈妈优先啊！妈妈是0辈，你是1辈嘛。”

女儿要求我开车去接她，我却没有问她时间地点，也不知道在哪儿，这似乎让女儿很不愉快呢。

丈夫对岳父母家、妻子对公婆家能够尽心尽力，是对对方的一种尊重。有句话叫“胳膊肘往里拐”，就算自己会下意识地偏向自己的原生家庭这一方，也要优先去考虑对方。过高评价自己的功劳，过低评价别人的作用，除了因为人自私的天性外，还与我们无法完全知道他人所做的事的限制性有关。

“我爱你。”

妻子看不到丈夫为了说这句话，经历了上百次的犹豫和练习。

“嗯，我接受你的爱。”

同样，听到告白后妻子的回答，丈夫也不知道妻子在内心考虑过无数次吧！

对子女来说，没有比父母恩爱更好的礼物了。而且作为爸爸、丈夫，我们更应该用心实践爱。孩子们想像羊群一样自由自在，父母只需像牧童一样远远守候即可。当孩子请求援助时，父母要立刻给予帮助。没有必要去听孩子详细的解释，因为他们的选择大部分是对的。

十八

顺性而为，孩子才能更好地自我实现

树立成为某种职业人的目标，本身就是自我实现的一种动机。然而，如果这个目标变了质，成为获取地位、名誉、权力或者财富的手段，那么这个最终欲求就会很难达成。自我实现，只有在抛弃以自我为中心的欲望时才有可能实现。

高二年级新学期的第一堂课，我和孩子们正在讨论“什么是自我实现”。有个孩子似乎想到了什么高兴事，不停地在笑。

“有什么好事吗？我很好奇你在想什么呢？”

“我吗？妈妈说我是个没有想法的孩子，所以我也不知道我在想什么。”

“唔！没有想法？真不错。”

“咦？真的吗？”

“当然了，是真的。”

孩子们都哈哈笑了起来。

“不是玩笑哦。没有任何目的，自然做出某种行动的人就是自我实现者。他们不会为地位、名誉和金钱苦恼。”

一个孩子提出了一个尖锐的问题：“老师，您在意钱或名誉吗？您做到自我实现了吗？”

“没，我需要钱……钱多了更好……自我实现也没做到。”

“那么我们继续上课吧！现在是讲地球科学的课堂时间嘛。”

这个孩子看上去很生气，而其他孩子脸上的表情却很迷茫。“您不必在意他。”当然，我没有理由生气。因为我知道，大多数孩子桀骜不驯的态度，其实针对的不是老师。

“好，我们继续上课吧！你以后想成为什么样的人？”

另一个孩子的嘴角露出奇怪的笑容，随后又表现得漫不经心。

“医生。”

“医生？是什么让你喜欢这样一个辛苦的职业呢？”

孩子似乎早有答案，脱口而出道：“赚的钱多嘛！”

“嗯……很坦率的答案，不过也太没意思了。医生是与病魔做斗争的人。如果对他人没有感情是做不了医生的。”

“应该是钱不是感情吧！没有钱也没有人会给病人治疗吧！”

这个孩子丝毫没有意识到自己的错误。我认为对话应该到此为止，最好以后单独找机会和他谈谈。我将视线转向其他孩子说道："各位，你们听没听说过有个成语叫'一叶障目'呢？"

"听过。"

"在树林中有红色的树、黄色的树，也有因虫害干枯的树。我们不能只看一棵树上的一片树叶，应该漫步在树林中，体验树的香气，欣赏树叶，还可以依偎在树干上休息。时间有很多，你们知道吗？你们犹如早上八九点钟的太阳。"

"是。"

我看了一眼教室后面的钟表。

"已经到午饭时间了。好，现在去吃饭吧！"

想要以后当一名医生的这个孩子成绩排名年级第一，然而老师们对他的评价却不怎么好。他的父亲是一家考试学院的院长，也许是因为这个吧，他总是表现得很傲气。有位老师曾经对我这么说过："哲勋吗？您没听到过这样的传闻吗？他高一的时候有次考了年级第二，被他爸爸用棍子狠狠打了一顿，说他考第二很丢人。"

"哎哟，真是……"

哲勋的传闻大多都是事实。哲勋初三的时候，曾申请过特殊高中，但没有被录取。因为这个，他的父亲好像特别失望。

两周之后，我和哲勋坐在一起交谈。

“你说你想赚很多钱所以成为医生，在我听来这很诚实。”

“金钱和名誉……不都是人们想要的吗？”

“把患者的健康和生命放在第一位，这是西医的鼻祖希波克拉底在宣誓中说过的话。当然可能有时候医生无法遵守这个誓言，就像老师也有可能尽不到老师的职责，父母有时候也不是合格的父母。不过，将这些理解为个人不完美的一部分不好吗？”

“……”

哲勋皱着眉头，回避了我的视线。看到他苦恼的样子，我也很心痛。

“哲勋啊……”

“是……”

“我感觉你就像一个追求不到喜欢女生的男孩子一样，就算死死纠缠，内心也不会好受吧？你似乎是因为没信心考上医科大学所以才贬低医生这个职业，这让我很为你着急。”

哲勋没有看我，站起身来。

“到晚自习时间了，我要走了。”

“好，去吧。希望你能摆脱反向意识[①]，心灵得到解放，不要忘了。”

用有问题的内心去看这个世界如同看黑白照片一样，绿色、粉红色和天蓝色，在他的眼中全是灰色。第二年，落榜的哲勋不得不复读，不过最终他考上了医科大学。我相信他现在一定正在慢慢寻回曾经失去的颜色。

职业不过是自我实现的一种手段。树立成为某种职业人的目标，本身就是自我实现的一种动机。然而，如果这个目标变了质，成为获取地位、名誉、权力或者财富的手段，那么这个最终欲求就会很难达成。**自我实现，只有在抛弃以自我为中心的欲望时才有可能实现。**

“自我实现”不需要目的

不久前观看完史蒂文·斯皮尔伯格（Steven Spielberg）导演的电影《林肯》后，我深深沉浸在林肯的人格魅力之中。既温暖又冷静，既洒脱又有气度，不挟势弄权，不愤怒也不惧怕，偶尔生气也不会伤心，不关心身份和地位，尊重所有人，认同和包容

---

① 心理学通常使用的说法是“反向作用（Reaction Formation）”，指的是在潜意识中把某些不被允许的内心冲动、欲望转化成为与之相反的行为，这里说“反向意识”是为了便于理解。

与自己意见有分歧的人，胜不骄败不馁，宽容对待战败的敌人，为了实现目的偶尔会撒个小谎，就算实现奴隶解放目标的瞬间也十分平静，甚至死的时候都像轻轻关上门去游历的人一样坦然，这就是电影中描绘的亚伯拉罕·林肯。

林肯在现实生活中也是一个优秀的自我实现者。马斯洛曾考察林肯、托马斯·杰斐逊、富兰克林·罗斯福、约翰·亚当斯、威廉·詹姆斯、阿尔贝特·施韦泽、托马斯·赫胥黎、巴鲁赫·斯宾诺莎等自我实现者的生平，找出了他们的共同点。在他的著作《动机与人格》中详细记述了这些人的魅力及人格特征。马斯洛的研究发现，自我实现者的典型特征是对地位、名誉、权力、财富以及他人的认同几乎毫不关心，而对真、善等超越性需求[①]有很强的欲望。

把我的孩子培养成林肯怎么样呢？有位家长听完我的话哑然失笑。

“什么林肯啊……他只要能好好生活我就很满足了。”

我也笑着说：“好好生活的人，就是林肯。”

林肯这样的人不是父母想培养就能培养成的。估计林肯的父亲也没想到儿子会取得那样的成就吧。我的前辈说道：“看看就

① 超越性需求（Meta Needs）包括灵性感应的需求、与神沟通的需求、生命永恒追求的需求等。

知道了，每天闯祸的孩子最后会怎么样，答案已经很明显了。”

虽然笑着转移了话题，不过我又有多少次和他一样戴着有色眼镜看待孩子们呢？被称为天才的爱迪生和爱因斯坦在小时候也曾被老师们认为是没出息、只会闯祸的孩子。

我们有时候被固定观念所限制，恐惧未知的事情，不能容忍别人，反而去诽谤指责别人。很多时候，我为了成功而戴上假面生活，因为杂念太多而无法专心做事。过于烦恼时，我也会朗读抒情性的心灵书籍来安慰自己。

我们真正想要的是什么？观花赏柳，打造美丽的庭院；弹奏吉他进行乐队演出；写真实感人的诗和小说；环球旅行；为世界和平做志愿者……这些愿望都有一个共同点，那就是“逃离竞争”。逃离竞争能够慰劳疲劳的自己，最终也会给他人带来帮助，而且这又能牵引我们走向自我实现。

父母应该允许孩子拥有与自己一样的梦想，也不必担心孩子不去与人竞争将会被社会淘汰。富裕且幸福度高的社会会塑造合作而非竞争的国家。在北欧的许多国家，让孩子走出家门去玩是父母的职责。因为**只有尽兴玩耍的孩子，大脑的发育才能完善，学习集中力才会提高**。

我们以前也是这样，小时候会尽情地玩捉迷藏、跳皮筋、打桩、骑马、挖土等游戏，然而现在孩子们的游戏时间几乎没有了。

因为在竞争之下，孩子们被送进学校和辅导班。孩子们就算有时间也不会玩户外游戏，而是埋头于电脑和智能手机上的游戏，成为只会动手指玩游戏的孩子……

现在，父母应该将快乐还给孩子了。不要强迫孩子学习，让孩子尽情玩耍。在孩子该吃断奶期食品的时候，强制要求他把饭桌上的饭菜都吃完是不行的。人类是好奇心旺盛的动物，**当了解到知识的乐趣后，他们会自动自发地去读书、学习。**

人们通常认为听从父母的指示和命令的孩子会成为优等生，然而事实正好相反：父母越压迫，孩子越抵抗，而成绩却不会变好。我目前25年的教学生涯使我对这一事实有着深刻的领悟。

“他如果能做好，我就不用去批评和责备他了。”

很多父母都这样说。

“所以孩子变得更好了吗？”

所有被问到这个问题的父母都摇头。

“孩子小时候就很懒惰，对什么事都不关心吗？”

又一次所有的父母都摇头。孩子小时候就像好奇心旺盛的动物。

“太阳为什么发光？”

“嗯，因为太热了。”

“为什么热呢？”

“嗯……冷就不行了。”

“我为什么会出生呢？”

“嗯……是啊，我在外面捡到的。”

对于孩子们纯真又充满哲理的问题，我们总是糊弄过去。

“苹果为什么会掉下来呢？”

“傻瓜，难道苹果要跑到天上去吗？”

“傻瓜”牛顿因为苹果发现了万有引力定律。

丢掉陈旧的价值观，给孩子一片广阔的天地

根据约翰·泰勒·盖托（John Taylor Gatto）的观点，也许我们越上学，越会变得愚蠢。[①] 我和其他老师都要求孩子背诵同样的内容，大众教育如同饭菜乏味的食堂一样。如果孩子不喜欢这样的饭菜，老师们还对孩子说："对不起，不合胃口也要吃。"这样真的好吗？

尽管如此，为了适应社会生活，孩子还是应该去学校。社会也不会考虑到每个人的口味。不过，父母不要给孩子的学习带来太大的压力。我听说，美国某个地区的父母只要孩子有一科成绩

① 曾经被授予纽约市教师奖的约翰·泰勒·盖托在其著作《打造傻瓜》中猛烈抨击了学校制度。

得 A 就会给孩子开派对庆祝。我很羡慕这样的父母，他们明白一次小成功可以带来自信，而自信可以带来更多的成功。

青春期并不是特别的时期，而是在人生的某个阶段长时间积累的感情一下子爆发出来的时期。青春期孩子反抗叛逆的态度，随着父母养育态度的不同，有可能提前，有可能推后，也有可能根本就不会出现。

当感觉到孩子进入青春期时，父母应该检讨自己的养育态度和价值观。就像旧屋有改造的必要一样，父母的观念也有必要改善。世界上没有完美的父母。如果孩子有什么问题，父母肯定有错，因为家人是相互联系的一个有机体。

在阳光明媚的一天，我拉开窗帘，看到那些曾经因为太暗而没发现的小物件。翻看它们，我吃惊地发现上面满是灰尘，落满了岁月的痕迹。然后我开始打扫房间，渐渐产生了只是打扫还不够的想法，于是请来改造房屋的专业人士帮忙，换了新的马桶和浴缸，重新装修了地板和天花板，洗涤槽和饭桌也换成了新的，顺便打通阳台，开了一扇大窗户。当夕阳西下时，我会有一种叫上友人一起喝红酒欣赏美景的冲动。

打开窗户是一种开放自己内心的行动。我曾经在交通拥堵的路上，实在憋不住在车里解决了小便。解决之后的感觉，比想象中要舒服畅快得多。我将这个故事告诉别人，有着与我相似经历的人都会哈哈大笑。因为我的坦率，我们彼此的距离拉近了很多。

扔掉琐碎陈旧的物件就是抛掉自己僵硬的价值观。已经过了有效期的信念应该尽可能都扔掉，因为这些信念和想法大多都是小时候大人们灌输的。我不是说小时候获取的信念是不正确的，价值观和进化的生物一样，我们无法判断其对错。不过，正如不同的季节穿不同的衣服，我们在不同的时代也应该使用不同的价值观。我们不可能一辈子都穿一件衣服，也就是我们应该从“父母自我”进化到“成人自我”[①]。

改造房屋的专业人士不是导师（Mentor）而是帮助者（Helper），因为改造房屋的决定者永远都是房主自己。想要更新信念时，完全依靠学者、神父、医生等导师，其实是向另一个“父母自我”交付了自己。他们的话永远是忍耐、接受、顺从。而帮助者也许就在我们身边，即那些用阳光的笑容和他人打招呼，并且让自己的孩子自由地在庭院里玩耍的人。

打通阳台开一扇大窗户，是用更开阔的视野观看世界。为此，

---

① 心理学家艾瑞克·伯恩（Eric Berne）将人的自我状态分为父母自我状态、成人自我状态、儿童自我状态，并创立了沟通分析法（Transactional Analysis，简称 TA）。

我们应该去接触那些影响人类历史的人们的思想，我们应该亲近图书馆。与朋友一起享受红酒是分享幸福，分享才是人生的美味。

十九

不去期望，孩子才会像期望的那样成长

如果希望孩子好好长大，父母就应该摒弃通过和别人相比来判断成功和失败的想法，而且对于任何事，都不要过分期待。过分期待反而会使事情难以实现，只会给孩子带来无尽的负担和压力。教育子女需要一颗淡泊的心。

第一个孩子出生时，从早上肚子就开始阵痛的妻子，到了傍晚才决定去医院。在大邱最好、最有名的妇产科，妻子被送进待产室不到30分钟又被送了出来。

“老婆啊，已经生了吗？”

“没有，让我回家，明天早上再过来。”

“为什么？”

“说是离生还早着呢！”

"医生说的吗？"

"不是，是护士……"

没办法，我只好开车载妻子回去。刚出医院大门，妻子深吸一口气，让把车开回去。

"怎么了？"

"我觉得怎么也要回去，疼得比刚才厉害了……"

妻子抱着肚子，又进到待产室里面。

"护士！赶快把这个孕妇送到产房。孩子要生了，你们到底在干什么！"

第二天，我问躺在病床上的妻子："孩子都快生了，护士为什么把你赶出待产室呢？"

"嗯，我在书上看到，当天空变成黄色，可以看到许多星星的时候，才是孩子出生的时候。"

"然后呢？"

"因为天空没有变黄，也看不到星星，所以没表现出很痛的样子，护士就让我明天再来。"

"啊！我要疯了，真是的！"

妻子自己也感觉很搞笑，捂紧了肚子一直笑。

"看到孩子了吗？"

"嗯，护士们说孩子很漂亮。我觉得看上去很丑……鼻子是扁的，耳朵皱巴巴的，感觉好奇怪。”

“新生儿都这样，这是因为一直在妈妈肚子里伸展不开的缘故。”

“嗯，不管怎样，老婆辛苦了。孩子和你都平安无事，真是太感谢了。”

抚养孩子的第一步就这样完成了。还有什么比孩子健康出生更值得高兴的吗？下面就是养育茁壮聪慧的孩子了。

怎样才能好好养育孩子呢？钥匙已经掌握在我的手上，只要沿用父母养育我的方法，取长补短即可。父母的哪些养育态度让我变得有能力呢？父母的哪种教育方式让我感到不适，变得无能呢？

家庭环境对孩子成长的影响

小时候，我家在离村子很远的铁路旁边。那时的我总是从早到晚一整天都一个人在玩。我经常一个人直愣愣地看着地面，或者目不转睛地望着水边，又或者看着天空发呆。大人们都认为我是一个人太过孤单和无聊才会这样。而实际上，我在和地面上爬行的昆虫对话，在欣赏水中跳舞的孑孓，在观察天空中变幻莫测的云朵。上弦月只有晚上才能看到，下弦月只有凌晨才能看到，星星稍微移动位置我也知道。能了解到这些事情，是因为我没有受到任何人的干涉。

然而自从开始上小学（当时的国民学校）后，妈妈的管教开始严厉起来。特别是大人说话的时候，我被禁止提问。

“妈妈，为什么不能问呢？”

妈妈冷静地回答我：“大人说话的时候小孩子插嘴是很没礼貌的事情，所以你要闭上嘴，老老实实地听。”

当时我是个充满好奇心的孩子，但这样的规矩让我错失了很多了解更多事情的机会。然而我又有了一个新的了解世界的方法，那就是看电影。我们家算是半个小店铺，因为允许别人在屋子的墙上贴电影宣传海报，所以可以免费得到电影票。我经常去电影院。由于每天都进出影院，我和电影院的管理员熟悉起来，后来不用票也可以随便进出电影院。小学 6 年的时间就这样度过了，也得益于此，我小学的成绩不算差，因为文学与艺术、自然与科学、人类与社会、生与死都可以在电影中了解。

我的成绩虽然好，但并不是在别人的强迫下努力学习的成果，我只是上了学校的课程。当然不只是我，那时候大部分的孩子都没有受到父母的干涉。

不过到了要求每天晚上必须自习到 10 点的高中时，我开始睡眠不足，记忆力也不如以前，甚至在上课时间打盹，成绩也下滑了。强制性的晚自习学习效率有多么低，老师们似乎没有意识到。高二的时候，我以去辅导班为由不再上晚自习，从那时开始我的成绩又上升了，其中的秘诀就是充分的休息和上课时集中精力。

通过我的成长经历，我意识到“**身心最自由的时候自己能学会很多东西，而被约束的时候反而学不到东西**”。那么，让我变得自由和受束缚的人是谁呢？

小时候，我没有属于自己的房间，直到上初中的时候，寒冷的冬季我还和外婆一起挤在阁楼里。外婆很早失去了丈夫，膝下有两个女儿，其中大女儿就是我妈妈。外婆和我 27 年间都共用一间房，我们是彼此的朋友、亲人、伙伴。

我考上大学以后也经常早早回家，就是因为外婆。没有我，外婆一定很无聊。外婆去世时，我整整哭了 3 天，全身的水分似乎都要流干了。亲戚们担心我的身体，没让我一起去火葬场送外婆。最终独自留在家中的我站在屋顶上，目送载着外婆的汽车，直到看不见为止。

外婆是让我知道“无条件去爱”的价值的人。我犯过很多次错，但外婆从没责备过我。只有我做了好事的时候，她才会称赞我一句“做得好”。偶尔，她还会笑着对我说一两句诸如“学习是为了活得更像人”“你要成为爱护妻子的人”这样简短的话。没有唠叨，简短精确的话语像意味深远的钟声一样，时刻警示着我的内心。

父亲是一位寡言少语的人。他认为人“只要按照自己想要的方式生活就可以了”，所以吃饭、睡觉和去学校这些事，他都让我自己做主。这是无所求的父亲的真心，然而这让我变得更加诚实。父亲十分关心别人，对于别人拜托的事情，比自己的事情更加用心。父亲装修、木工活做得很好，不论谁请他帮忙，他都会特别努力地完成。20 世纪 60 年代，父亲有几年在学校的印刷社工作，校长也十分尊敬父亲，经常邀请父亲参加学校教师的聚餐。

母亲是父母偏心的牺牲品。

“在寒冷的冬天早晨，我被父亲叫起来去井边打水，那时候我才 9 岁。有时候背着水桶回来，里面的水都已经结冰了，我哭了很久。可是父亲一直骂我像熊一样笨，真是太令人伤心了。我的妹妹，也就是你小姨因为身体不好，从来不会被支使干活，他们只让我拼命干活。哎哟，没有父母的福，没有丈夫的福，也没有子女的福……我的命真苦。”

母亲虽然能干，但一直认为自己命不好。这种消极的想法让她内心经常不安，一直被情绪问题困扰。母亲因为感情缺失，这一辈子都渴望受到他人的认可。尽管做了很多好事，但她总是生疏地对待别人，这使她很难受到别人的赞扬。不过，她对这一点却一无所知。

教养的四个原则

通过我的成长经历，我认为应该树立以下四个养育原则：

第一，给孩子最大的自由。

第二，像外婆那样，无条件地支持孩子，像对待朋友一样对待孩子。

第三，像父亲那样，不过多地要求孩子。

第四，不要养育为了获得称赞而努力的孩子，让孩子自己去发现做某件事的价值。

这些原则是我在学咨询学之前树立的。学习咨询学知识之后，我了解到这些原则与卡尔·罗杰斯（Carl Rogers）等人本主义心理学家的理论相符，也与乔治·A. 凯利（George A. Kelly）的个人建构理论一致。

我努力以这四个原则来养育两个女儿，但养育的过程并非想象中那样简单。因为我和妻子都要去上班，不得不把孩子交给他们的祖父母。就像外婆对待我一样，我以为母亲会这样对待孙女们。不过事实却不是，感到责任重大的母亲待她的孙女们比待我还严厉，孩子犯一点儿错就要受到责骂，甚至威胁。而其中深受其害的是我的大女儿，因此她成了一个不爱笑、特别胆小的孩子。她经常睁大眼睛，紧闭嘴巴保持沉默。在幼儿园的时候，她也总爱抓住老师的裙摆走路，最后她从幼儿园退学了。当她上小学高年级时，我偶然看到她写的小诗，感到十分心痛。

放学后，
回家的路上，
我怀着郁闷的心情望着天空。
密密麻麻的房屋之间，
密密麻麻的电线；
密密麻麻的电线之间，
蔚蓝的天空。

被牢牢束缚的我的心，
什么时候能冲破电线，

飞向蔚蓝的天空?

母亲的严厉，使我不得不看她的脸色长大。而如今，在我没察觉的时候，女儿重蹈覆辙。大女儿的内心受到束缚、向往蔚蓝天空的时候，为什么我没有给她一个温暖的拥抱呢？我的心很痛。夫妻和睦是给孩子的礼物，可我的父母关系并不好。在我和妻子外出工作期间，她们深受爷爷奶奶的影响。分家是最好的方法，不过母亲肯定接受不了。我只能期待大女儿能自己战胜这些困难。

“你的背后一直有爸爸妈妈。我们也不能拿奶奶怎么办，所以只能靠你自己去解决了。”

大女儿治愈自己的创伤是从初中二年级开始的。

“爸爸,我报考了舞蹈学院。从现在开始,我要做想做的事情。”

我满足地看着女儿，用微笑鼓励和支持她。

大女儿和我一样十分厌恶权威。在学校，她特别喜欢温柔和善的老师，而且对这个老师教授的科目也非常用心学习。她特别喜欢英语老师，所以努力学习英语，最后考上了附近的外语高中。高二的时候，她喜欢上了艺术，因此考取了美术大学。

比大女儿小 4 岁的小女儿踩着姐姐的步伐前进，因此能比姐姐更加顺利地长大。奶奶也对这个小孙女很宽容，她比姐姐能够更加自由地做想做的事情。

“爸爸，我很高兴我是我。”

这应该是小学二年级的时候，她对我说的话。听了这句话我不由得感慨，维护孩子的自尊是多么重要的事情，所以我不强制要求她做任何事情。想玩就玩，想吃就吃，想读书就读，任何事都让她尽情去做。

“爸爸，我通过了学校乐队的面试。”

“唔，祝贺，祝贺！”

“爸爸，我成为学校管弦乐团的一员了。”

“唔，祝贺，祝贺！”

小女儿读高中时开始了寄宿生活，因此很早就获得了独立自主的机会。她很用心地参加一些艺术社团，每周六还去社会福利院照顾两个智障儿童，周日则在学校的小讲堂练习敲鼓或去操场和男孩子一起打篮球。

给孩子最大限度的自由、不过多地要求、无条件支持孩子并同孩子像朋友一样相处、不让孩子被称赞束缚，相信父母坚持这四个养育原则，孩子会表现出更多“自我实现的倾向”，并最终收获“自我成就感”。

自由，让孩子成为天使

我的两个孩子成绩虽好，但不是那种只会学习的孩子，也不是那种无条件听老师话的孩子。

大女儿初中的时候因为学校关于头发的规章，不执行校监老师的要求，在网上引发讨论，最终学校给予了孩子们发型自由的权利。高中时她扎了耳洞。在扎耳洞之前，她曾问过我的意见，虽然我明确表示反对，但她考虑了我的意见后，还是在第二天直接扎了3个耳洞回来。面对不听话的孩子，我回之以微笑。大女儿高二的时候对美术感兴趣，于是按照自己的意愿开始学习美术，最终她考上了自己想上的大学。大一时在设计部的她在大二转到了美术系，已经上大四的她不久前对我说道：“爸爸，毕业后我不想马上就业。”

“是吗？你到40岁之前都可以不找工作，爸爸养你。不过为什么呢？你有什么计划吗？”

“我想学文化人类学。”

“是吗？听上去是很不错的计划！好好做吧！”

小时候胆小内向、紧紧抓住老师裙角的大女儿，现在则可以只身去印度、土耳其等国家旅行。

而小女儿高中时被班主任称为“泥鳅”，因为她为了参加各种社团活动，逃掉许多自习课。这孩子没经过学校的允许就开了一场演唱会，大半夜的在宿舍叫来炸鸡外卖，和孩子们一起吃。让她回家去还是让她留在宿舍过夜，这让老师十分头疼。不过由于她做的这些事以前没有人做过，所以老师们也很苦恼到底应不应该斥责她。她也像她姐姐一样考取了想去的学校。在乐队面试合格的同时，又被选为系里的女生代表，整天参加这样那样的集会。不过看到她在学校这么充实地利用自己的时间，我感到十分庆幸。

“你周末回家吗？”

“不回，要在学校玩。我有 6 个月的时间都不能回家。”

女儿们用自己的成长向我展示了自由有多么重要。两个女儿都不喜欢和他人竞争和比较。在某件事上取得成功时，她们只满足事情本身，并不会向他人炫耀。即便自己有不足之处，她们也不会忌妒他人，所以很受朋友们的欢迎。

我反对那种区别对待成人和孩子的态度。这样的态度很容易使大人轻视孩子，让自尊心受伤的孩子变得叛逆，而自尊心受伤往往导致自暴自弃。使孩子执着于同别人比较，最后孩子会一无所获。人生来不只是为了吃饭睡觉，父母要给孩子自由，让他自己寻找喜欢的事情。人们之所以回避做事，是因为烦透了比较和竞争。

如果希望孩子好好长大，父母就应该摒弃通过和别人相比来判断成功和失败的想法，而且对于任何事，都不要过分期待。过分期待反而会使事情难以实现，只会给孩子带来无尽的负担和压力。教育子女需要一颗淡泊的心。

不要去期望，孩子才会像期望的那样成长。

爱立方
Love cubic
育儿智慧分享者